云端巴蜀

地方文化与数字化传播

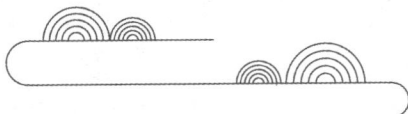

叶 茂　徐珍妮　林夕芸◎著

九 州 出 版 社
JIUZHOUPRESS

图书在版编目（CIP）数据

云端巴蜀：地方文化与数字化传播 / 叶茂，徐珍妮，林夕芸著. -- 北京：九州出版社，2025.2. -- ISBN 978-7-5225-3591-3

Ⅰ. G127.71-39

中国国家版本馆CIP数据核字第2025GR0386号

云端巴蜀 ： 地方文化与数字化传播

作　者	叶　茂　徐珍妮　林夕芸　著	
责任编辑	云岩涛	
出版发行	九州出版社	
地　　址	北京市西城区阜外大街甲35号（100037）	
发行电话	(010)68992190/3/5/6	
网　　址	www.jiuzhoupress.com	
印　　刷	定州启航印刷有限公司	
开　　本	710毫米×1000毫米　　16开	
印　　张	14	
字　　数	200千字	
版　　次	2025年2月第1版	
印　　次	2025年2月第1次印刷	
书　　号	ISBN 978-7-5225-3591-3	
定　　价	88.00元	

前　言

　　巴蜀文化是华夏文化的一个分支，对巴蜀文化的定义研究是一个持续深化的过程。在地理空间上，其文化地域分为"巴国"和"蜀国"两个地理区域，而在历史维度中，"巴"和"蜀"代表的文化地域发生过多次变化。《汉书》《后汉书》《华阳国志》等载，周秦之世，巴国疆域"东至鱼复，西至僰道，北接汉中，南及黔涪"，其地域范围大体包括今天的湖南、湖北、陕西、四川、云南、贵州等部分地域，川东达州、巴中、重庆等是其文化腹地。蜀国的范围东与巴国大致相邻于涪江流域一线，西边囊括了川西高原一部分，北边以秦岭为秦蜀边界，南边则已抵达后世中越边境，其中以成都平原的文化发展尤为兴盛。巴蜀文化是指巴蜀大地上自古以来所发生、发展起来的文化。巴蜀文化具有区域独立性，相对于中国其他地理区域，巴蜀地域所在的四川盆地具有地理上的封闭性和独立性，是巴蜀人民思想观念、风俗习惯、生活方式、情感模式的集中表达场域。

　　在当今互联网高度发展，数字化、智能化算法作为推动社会进步的核心力量的时代背景下，"点对点"的推送使传统文化在人们日常生活中"久久为功、潜移默化、耳濡目染"的浸润式传播遭到严重破坏，巴蜀文化发展越发暗淡无力，甚至巴蜀文化的个别文化形态几近隐没。

　　为了顺应时代发展，全球范围内掀起一股将传统文化与数字化融合的新浪潮。多个国家在传统文化数字化方面取得了较大进展。联合国教科文组织早在 20 世纪 90 年代就启动了名为"世界记忆"的项目，旨在全球范围内启动文化数字化保护工作。我国也积极响应，"中国数字图书馆工程"便是其中的杰出代表。以故宫博物院与某公司合作的"超越时空的紫禁城"项目为例，该项目利用高清画质和 3D 建模技术，将故宫的建筑和文物以虚拟的形式完美呈现。为增强观众的沉浸式体验，项目组还采用了动态捕捉技术，为观众营造身临其境的游览环境。这不仅展示了我国在传统文化数字化方面的技术实力，也为全球文化保护事业贡献了中国智慧和中国方案。

以此为鉴，巴蜀文化的传承与发展也可以利用数字化技术进行挖掘、保护、传承和传播。2022 年，文化和旅游部、国家发展改革委、重庆市人民政府、四川省人民政府联合印发《巴蜀文化旅游走廊建设规划》。规划要求，"将创新作为引领发展的第一动力，大力发挥科技创新对文化和旅游发展的赋能作用，加快推进数字文化、智慧旅游发展，推动文化和旅游领域的机制创新、模式创新、业态创新。"本书立足当下的挑战与机遇，深刻认识到推动数字化大潮下巴蜀文化的创造性转化、创新性发展，是巴蜀文化与传播研究者新的文化使命。

近年来，"云端巴蜀"蔚然成风。与巴蜀文化相关的数字动漫、数字游戏、数字视频、数字音乐等创新内容，让巴蜀文化符号以其独有的地域辨识度、活化亲和力、未来赛博感、流量转化率的特点，在全国年轻群体中得以快速传播，由此出现的一系列文创产品对两地的经济发展直接产生价值上万亿的经济效益。在巴蜀文旅新走廊的建设实践中，中国的年轻群体在相关文创产品的消费上也产生了变化，即从产品本身转向产品衍生的前后端环节，更加关注产品诞生的生产参与感、特定文旅场景的联结感、产品实体的可持续体验价值。这些样本表明，在数字化时代，巴蜀文化的发展需要更多基于地方文化的新鲜度，创造多元文化体验。这是全新的时代窗口。

　　本书的绪论部分给出了地方文化与数字化传播的概念，并在传播学理论的引导下，探讨巴蜀文化数字化传播的研究思路、技术路线、研究方法，整理学者对巴蜀文化数字化传播的相关研究成果。第一章分析了巴蜀文化的特点与价值观，系统性地分析了巴蜀文化现状，阐述了巴蜀文化急需保护的现实，然后结合对巴蜀文化的延续、保护与发展的传统模式和数字新媒体技术的开发模型，研究两者之间的关系，以论证数字新媒体这一新传播手段对巴蜀文化的保护优势，并为巴蜀文化的延续、保护与发展提供了理论依据和实践模型；第二章通过梳理巴蜀文化符号在传播领域的嬗变，勾勒巴蜀文化数字化传播的历程以及未来发展趋势；第三章以巴蜀文化的保护、传承、传播为切入点，从文化产品与系统设计的维度进行数字化方法论的研究，凸显巴蜀文化数字化保护的独特价值与路径；第四章通过深入分析巴蜀文化的跨媒介传播与符号化传播现状，系统考察巴蜀文化产业的 IP 发展形式，对巴蜀文化数字化传播进行研究；第五章引入了元宇宙这一前沿概念，探讨了其在巴蜀文化传播中的创新应用，强调了沉浸式体验为巴蜀文化提供了新的传播维度和互动方式，如虚拟现实、增强现实等技术如何使受众身临其境地感受巴蜀文化的独特韵味，开启了巴蜀文化传播的新篇章；第六章分析了移动互联网时代巴蜀文化传播面临的挑战与机遇，提出了针对性的传播策略，探讨了如何利用移动应用、社交媒体平台等工具，提高巴蜀文化的传播效果与受众覆盖面；第七章聚焦巴蜀文化旅游资源的数字化开发与实践，分析了数字化技术在提升旅游体验、促进文化传播方面的作用，介绍了巴蜀文化旅游资源的数字化展示、虚拟旅游等产品与服务的创新应用；第八章探讨了在数字技术的应用下巴蜀非遗与数字创意产业的融合，深入分析了这一融合的现状、挑战与机遇；第九章聚焦巴蜀历史名人文化的数字化传播，突出巴蜀历史名人文化资源的开发需要融合互联网及相关技术、建立市场主体沟通渠道、开发具有沉浸式体验功能的创新文化产品等；第十章聚焦巴蜀文化数字化传播的受众，力图从受众心理感知

与媒体感知的角度探索数字化时代文化共同体的形成；第十一章探讨了巴蜀文化数字化传播中的负效应消解；第十二章对数字化传播背景下巴蜀文化的未来做出了展望。

本书的研究从选题开始历时两年多才得以完成，其中凝结了著者在前期研究、实地调研、案例搜集与分析上的心血与成果。选题策划、资料搜集、研究写作均由叶茂统筹，具体章节写作分工如下：叶茂负责前言、绪论、第一章、第二章、第三章、第四章、第五章、第六章的撰写，共计12万字；徐珍妮负责第七章、第八章、第九章的撰写，共计4万字；林夕芸负责第十章、第十一章的撰写，共计2万字。

为了使本书的内容更加完善，著者在撰写过程中参考了一些专家和学者的研究，在此谨向他们表示衷心的感谢。

由于著者水平有限，书中难免存在不足之处，敬请专家、读者批评指正。

目　录

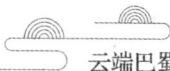

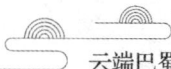

绪　论

作为四大文明古国之一，中国承载着五千余年深厚的文化底蕴。在漫长的历史进程中，中国人通过自身的劳动智慧在不同的自然环境与社会条件下创造了属于各自地域的文化，形成了别具一格的社会风貌。如何将传统的语言、文字、诗歌、音乐等进行保存与延续值得人们去讨论。从现实来看，目前传统节日，如春节和中秋节依然被广泛庆祝，但每个地域的人们的庆祝方式有一定的区别。与此同时，中国传统的艺术形式也在不断推陈出新，包括绘画、书法、音乐和戏剧等正在与新媒体融合，呈现传统与创新结合的新面貌。这就构成了一个多层次、动态变化的社会文化景观，展现了中国古老文明与现代化进程的交织。

第一节　地方文化与数字化传播的概念

不同的地域有着不同的地域文化，这些地域文化的形成对中国乃至世界文明有着巨大的贡献。正如《晏子春秋·内篇·问上》中所说："古者百里而异习，千里而殊俗。"这句话的意思是相隔百里的地方就有不同的习惯，相隔千里的地方就有不同的习俗，即不同的地方有不同的风俗习惯。在疆域辽阔的中华大地上，由于各地人民的生长环境与生活条件不同，各地的文化呈现强烈的地域特点。以中国南方与北方为例，中国南方的气候高温多雨，耕地多以水田为主，当地的农民因地制宜种植生长习性喜高温多雨的水稻；中国北方则降水较少，气温较低，耕地多为旱地，适合喜干耐寒的小麦生长。南北方的气候和地理环境差异对饮食习惯、建筑风格、生活方式等方面产生了深远影响，这表明地方文化的形成和发展与自然环境密切相关。除此之外，南北方的历史经历不同，如不同的历史事件、不同的统治朝代等，这些历史因素在今天的地方文化中仍有所体现。在语言方面，南北方的语言差异也体现了地方文化的不同特点，人们根据各自的环境和需求，创造出适合自己的生活方式和文化形态。两者的交流和融合，如饮食、艺术、习俗等方面的相互影响，显示了文化交流对于促进地方文化发展的重要性，也为现代化过程中保护和发展地方文化提供了参考。总的来说，中国南方和北方的生活差异性不仅丰富了中国的文化景观，也为理解和保护地方文化的多样性提供了宝贵的启示。

研究地方文化有助于保存历史文化遗产，确保其不会随时间流逝而消失，同时为后代提供传承的基础，有助于人们认识到自己的文化根源，增强地方社区的身份感和凝聚力，增进不同文化间的尊重和理解。

作为源远流长又极具"个性"的文化形式，巴蜀文化具有不可替代的地方文化特色与历史意义。巴蜀地区是中国最早的文明发源地之一，其历史可以追溯到几千年前，拥有独特的历史发展脉络。该地区留下了众多文化遗产，如三星堆、金沙遗址等，反映了早期先进的文明。这里地理位置偏僻，但气候湿润、生态丰富，形成了独特的生活方式和民俗文化。巴蜀文化不仅反映了中国西南地区的历史和文化特色，也是中华文化宝库中必要的组成部分，它的独特性和深远影响使其成为研究中国历史文化不可或缺的一部分。然而，曾经的巴蜀地区地处丘陵与盆地，具有相对的封闭性，且地广人稀，并没有被人们熟知。时至今日，随着历史进程的推进，巴蜀地区的经济不断发展，形成了以川渝方言、川菜、川剧、蜀绣等为代表的文化符号。

作为年轻的一代,应该如何跟随时代潮流将这些文化符号传递出去,并推陈出新?这就需要寻找一个能实时沟通且成本较低的媒介来辅助传播。

改革开放以来,随着我国经济水平的显著提高,以及科学技术的不断发展,互联网逐渐渗透到人们生活的方方面面,并凭借传播速度快、时效性强、极具开放性和包容性等特点,为大众提供了一个交流平台。通过互联网,巴蜀文化跨越地域限制,被更多的人了解。同时,巴蜀文化开始以更现代的形式展现,吸引了年轻的一代。可见,互联网不仅扩大了巴蜀文化的影响力,也为其保护、传承和创新提供了重要的平台。如何实现巴蜀文化的数字化传播正是本书的研究议题,研究的当务之急是厘清两个相关概念。

一、地方文化

地方文化综合反映了一个地区的政治、经济、历史、文化、地理、教育、风土人情、人物传记、物产资源、名胜古迹等内容,其既是一个地区历史、传统和身份的重要组成部分,又是人们对自己生活环境的认同和归属感的象征。地方文化在社会变迁中不断演进,反映了时代的变化。研究地方文化有助于保护这些独特的文化遗产,并确保它们在未来得以保存与传承。

从整体的文化区域(沿袭古代疆域)看,地方文化可划分为齐鲁文化、燕赵文化、吴越文化、巴蜀文化、秦陇文化等。每一个地方文化都有其独特性,识别和记录地方文化的独特元素有助于保护这些文化遗产,防止它们因经济数字化和现代化而消失。巴蜀文化作为中国地方文化多样性的一个重要体现,不仅丰富了中国的文化版图,也为全球文化多样性做出了贡献。

巴蜀文化是地方文化的显著代表，主要指中国达州、巴中（巴）等地区和德阳、成都（蜀）等地区的文化。巴文化与蜀文化有着密不可分的关系，它们各自独立又互相关联，为中国历史文化增添了一抹绚丽的色彩。

在以往的相关研究中，学者多关注夏商周以来巴蜀地区的人文史料，而要深入探究巴蜀地区的文化，首当其冲的是了解古蜀文明。古蜀文明在夏商周时期曾辉煌了上千年，它北与中原进行双向交流，东化荆楚，西涵"藏彝走廊"，南通南中、东南亚并与西亚交往。可见，当时的古蜀国异常繁华，对外交流也十分密切。这繁荣盛世的背后与古史传说的四代统治者蚕丛、柏濩、鱼凫、杜宇有着很大的关联，他们是成都平原和岷江流域的蜀人统领。据说那时的蜀国人口众多，有藏族、羌族、苗族等十几个民族，蜀王带领他们于夏商时期迁徙到了成都平原，并建立了政权。从金沙遗址博物馆和三星堆博物馆出土的大量青铜器、象牙、玉器等文物不难看出，上古先民在这片土地上繁衍生息、辛勤劳作，用自己的智慧创造了璀璨的古蜀文明。当时的种植业、农田水利、青铜黄金玉石、服饰文化、交通商业等逐渐形成蜀文化，而后蜀文化开始被后人所继承与发扬，其兼容并包的文化传统和渴求开放的强烈意识为巴文化与蜀文化的交流融合提供了有利的条件。

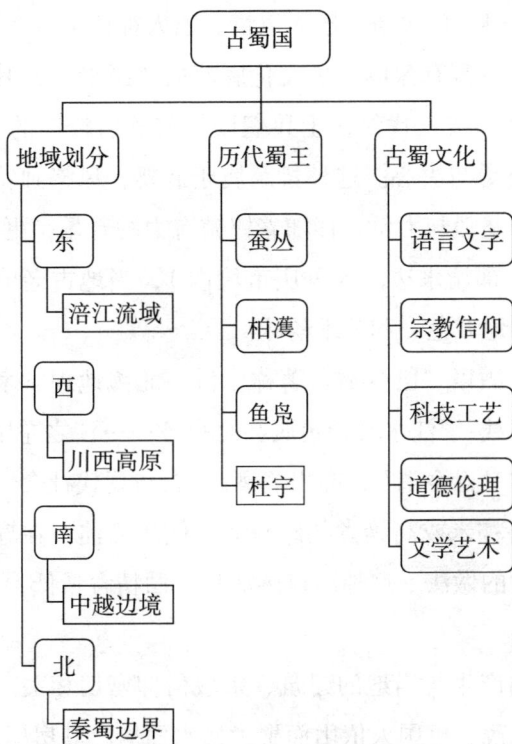

图 0-1　古蜀国概述图

　　与此同时，与古蜀国水火不容的国家也在西周初期诞生了，那就是诸侯国中姬姓宗族统领的巴国。《辞源》记载："巴者，古国名，位于四川省东部一带地方。"巴国起源于新石器时代的大溪文化，夏朝时建巴国，国都初在夷城（今湖北恩施），后迁丹山（今四川叙永），商朝至西周时期，巴国都城在巫山。春秋时期巴楚战争频繁，巴多败，都城被迫多次向西迁移。

　　东晋常璩撰写的《华阳国志·巴志》记载，古代巴国主要分布在今天的重庆、云南、贵州、湖北西部和湖南西北部。战国时期，巴文化被引入中原，并逐渐开始被人们熟知。于是，巴国王族和巴地各族开始共同创造具有当地特色的物质文化、精神文化及其社会结构。巴文化的主要代表包括巴渝舞、巴乡清、巴人风情、巴人神话。

巴渝舞，这一富有深厚历史文化底蕴的舞蹈形式，其起源可追溯至商朝末期。当时周武王伐纣，士兵们以"前歌后舞"的方式鼓舞士气，展现出无比的英勇与决心。这种舞蹈属于武舞，风格独特且刚烈，每一个动作都透露出坚毅与力量，伴随着铿锵有力的音乐，更显得气势磅礴。它具体发源于巴郡渝水边（今重庆市境内），当地古老的地域文化赋予了巴渝舞独特的地域色彩和艺术韵味。

古代巴人的酒以"巴乡清"著称于世。北魏地理学家郦道元在《水经注·江水》记载："江水又迳鱼腹县之故陵……江之左岸有巴乡村，村人善酿，故俗称'巴乡清'，郡出名酒。"它与现代社会饮用的高度白酒不同，做法是将糯米或高粱煮熟晾凉后，倒入酒曲，在罐子里密封发酵而成，类似醪糟的做法。这种酒口感清甜，酒精含量低，具有暖身健胃、益气生津的作用。

巴人风情的产生与当地的建筑、宗教信仰密切相关。当时的巴国山环水绕、鱼丰水茂，巴国人依山而聚、傍水而居，其房屋一般建成两层，第一层用于放置牲畜和家里的杂物，第二层用于居住。巴人民风淳朴，擅长纺织，并以此为生。

此外，古代巴人拥有丰富多彩的神话体系，这些神话不仅是他们精神世界的重要组成部分，还深刻反映了巴人对于自然、社会以及宇宙的独特理解与想象。巴人神话大致可以分为自然神话和社会神话两大类，每一类都蕴含着深厚的文化内涵和历史积淀。

自然神话年代久远，往往与巴人早期的自然崇拜紧密相连，讲述了关于天地间万物起源、对自然现象的解释以及各种神秘力量的故事。这些神话由于时间久远，多通过口口相传的方式流传，因此部分具体情节说法不一，但它们依然以象征和隐喻的方式，影响着巴人的思维方式和生活习俗。

社会神话则更加贴近巴人的日常生活和社会结构，主要包括英雄神话、起源神话、神女传说以及巫医传说等。英雄神话歌颂了巴人部落中的英勇战士和领袖，他们或力大无穷，或智慧超群，通过一系列艰难险阻的考验，最终成为保护族人、抵御外敌的英雄；起源神话则解释了巴人族群的诞生、迁徙以及重要社会制度的由来，为巴人的身份认同和社会秩序提供了神话学上的支撑；神女传说则充满了浪漫与神秘色彩，主角是拥有超凡能力的女性形象，她们或是自然界的化身，或是部落的守护神，以其独特的魅力和力量，影响着巴人的历史进程；巫医传说则反映了巴人对医疗与巫术的原始信仰，巫师和医者被视为能与神灵沟通、治愈疾病的人物，他们的传奇故事在巴人社会中广为流传，加深了人们对超自然力量的敬畏与依赖。

这些神话传说不仅是古代巴人智慧的结晶，还是他们历史记忆与文化认同的重要载体，通过一代代人的传颂与演绎，巴人的神话世界得以生生不息、流传至今。

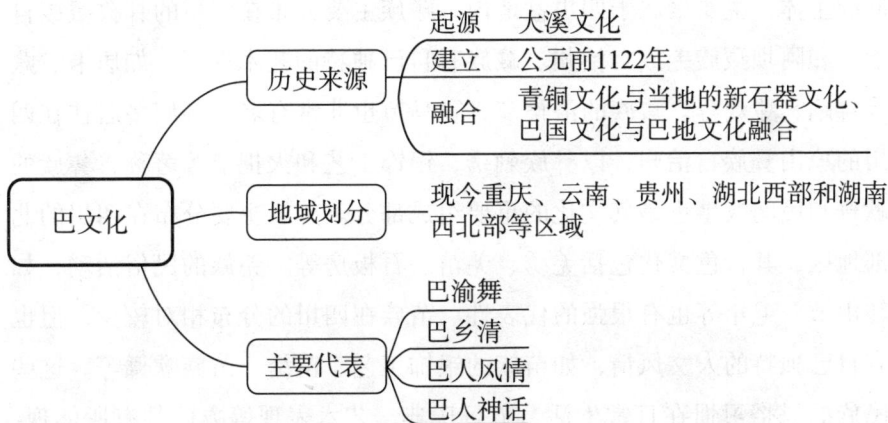

图 0-2 古代巴文化的概述图

春秋战国时期，蜀国和巴国是中国西南地区两个强大的地方势力。由于地理位置相近和不断的政治、军事交往，两个文化圈开始接触并彼此影响，尤其是秦国灭了蜀国后，又征服了巴国，促进了中原文化与巴蜀两国的交流与融合，这使得巴蜀两地更加紧密地联系在一起。在秦朝及其后的汉朝时期，巴蜀地区逐渐形成了统一的行政区域规划，推进了两种文化的互相渗透，其语言、习俗、艺术等方面出现了相互交融的现象。

巴蜀文化的融合影响了当地的民间传说、宗教信仰、艺术风格等方面。比如，巴蜀地区的木偶戏和刺绣艺术都展现了两种文化相结合的特征。在当代，巴蜀文化的融合被视为独特的地方文化遗产，无论是在传统节日还是在日常生活中，巴蜀文化的融合都有着鲜明的体现。总的来说，巴蜀文化的结合是一个逐渐演进的过程，它不仅反映了历史的变迁，也展现了文化交流与融合的深远影响。

如今的巴蜀地区主要指的是现在的四川省和重庆市一带，这里聚居和杂居着汉族以及一些少数民族，如藏族、彝族、羌族、苗族等，每个民族都有其独特的风俗习惯和文化特色。其中，汉族构成了巴蜀地区人群的主体，主要聚居于四川盆地内。藏族主要分布在四川的甘孜藏族自治州和阿坝藏族羌族自治州。藏族有自己独特的艺术形式，如唐卡、藏族舞蹈、藏戏等。藏族的洛桑节、赛马节也非常有名。彝族多居住在四川的凉山彝族自治州，以彝族刺绣、银饰工艺和火把节等著称，彝族的歌舞和民间故事也是其文化的重要组成部分。羌族主要分布在四川的北部地区，其特色文化包括羌绣、羌笛、石板房等。羌族的民俗活动，如转山节、羌年等也有很强的代表性。苗族在四川的分布相对较少，但也有自己独特的人文风情，如苗族的银饰工艺、苗绣、苗族歌舞等。这些民族的风俗习惯在日常生活、节日庆典、艺术表现等方面都有所体现，构成了巴蜀地区百花齐放的文化景观。

探究巴蜀地区形成的独特文化，对挖掘巴蜀文化的视觉符号有所助力。具体而言，研究巴蜀文化具有以下几点价值。

第一，巴蜀地区拥有绵长的历史，是古蜀文明的发源地之一。这里的文化遗产包括古代建筑、考古遗址和历史文献等，如三星堆、金沙遗址等，对于研究中国古代历史和文化具有重要意义。这些考古发现为理解古代社会结构、文化发展和技术创新提供了重要线索。

第二，巴蜀地区优越的地理环境，如盆地、山地和河流等，对当地文化有深刻影响。巴蜀文化以其独特的地理位置、历史传说、文学底蕴而闻名，这些都是研究中国民俗文化必不可少的部分。

第三，重庆方言和四川方言具有鲜明的地方特色，最早四川话的使用人口主要分布于丘陵盆地一带，覆盖了除部分非汉族聚居区外的整个四川省、重庆市，以及陕西、湖北、湖南、云南、贵州等省与四川毗邻的地区。其声调、声母、词缀、语法与普通话有着细微的差别，如"没得"表示无或者没有的意思，组成一句话可以这么表达"我没得钱了"，即"我没有钱了"。除此之外，一些少数民族（如藏族、彝族、苗族等）的语言对于研究中国语言学和方言学也颇具价值。

第四，巴蜀尤以其美食文化著称，麻辣是当地人最喜爱的口味。火锅、串串、麻辣烫等不同类型的川味美食多有辣椒与花椒。巴蜀美食不仅是中国饮食文化的重要组成部分，更在全球范围内享有盛誉。

第五，巴蜀的传统艺术形式多样，如四川戏剧（包括川剧变脸）、民间音乐和舞蹈，对于研究中国传统艺术和表演艺术具有重要意义。

从社会学和人类学的角度看，对巴蜀文化的研究可以帮助人们更好地理解当地的社会结构、生活方式和文化认同。在现代化和经济全球化的背景下，巴蜀文化如何保持其独特性，同时适应时代的变化，是本书探讨的一个重要课题。

二、数字化传播

进入 21 世纪，互联网技术和基础设施迅速发展，宽带互联网和无线网络成为主流。社交媒体、智能手机和云计算的出现改变了人们的沟通方式和生活习惯。互联网不仅促进了信息交流，也成为重要的创新平台。

现在的互联网已经开始与人工智能、物联网、虚拟现实（Virtual Reality, VR）、增强现实（Augmented Reality, AR）等新兴技术融合，变得更加智能化和人性化，尤其在传播传统文化方面有许多成功的案例，充分展示了如何利用数字技术和互联网平台推广地方文化。时至今日，中国的互联网已经形成规模，互联网应用走向多元化。互联网的普及使得数字化传播可以跨越地理界限，覆盖更广泛的范围。那么，什么是数字化传播？它在传播过程中有哪些显著特征？数字化传播指的是通过数字技术传播信息和内容的过程。它与传统的传播方式相比，具有几个显著特点：一是数字化传播可以融合文本、图像、音频、视频等多种媒体形式，提供更丰富的信息和更生动的体验；二是数字化传播主要通过互联网进行，包括社交媒体、网站、博客、邮件等渠道；三是与传统传媒的单向传播不同，数字化传播往往是双向的，观众可以通过评论、分享、点赞等方式参与互动；四是数字化传播的信息传递速度快，可以实现即时通信，且接收信息的方式更加便捷；五是数字化传播可以根据用户的行为和偏好为其提供定制化和个性化的内容。

数字化传播在现代社会中扮演着越来越重要的角色，它不仅改变了信息的传播方式，也影响着人们的日常生活和社会结构。在一定程度上，它让巴蜀文化有机会被更多的人认知和欣赏，打破了传统传播的地理和时间限制。比如，通过视频分享平台和社交媒体，川剧艺术家可以展示他们的表演技巧，吸引全球观众的注意。又如，成都的茶文化在互联网上也得到了广泛传播，一些在线旅游平台和文化体验平台通过虚拟现实（VR）等新技术，让用户能够在网上体验成都的茶馆文化。另外，重庆作为巴蜀文化的重要城市，其山城风光和文化景观通过网络营销得到了广泛传播。例如，重庆通过在旅游网站和社交媒体上发布引人入胜的旅游指南和照片，吸引了众多国内外游客。许多电商平台也在销售重庆的手工艺品、特产等。以上案例表明，作为一种强大的传播工具，互联网能够有效地推广和传承巴蜀文化，让更多人了解和欣赏这一地区的文化遗产。

　　总而言之，巴蜀文化与数字化传播的结合研究在传播学中占据了重要位置，其研究背景涉及媒介理论、跨文化交流、信息社会理论等多个方面。这不仅有助于更好地理解和传播地方文化，为全球文化多样性的保持与促进提供新的路径，也为传播学提供了实际的应用场景和研究案例。

第二节　研究思路与技术路线

一、研究思路

　　巴蜀文化是中国西南部的重要文化之一，具有深厚的历史和独特的地域特色。本书立足互联网时代背景，在传播学理论的引领下，将巴蜀文化与数字化传播相结合，深入探讨巴蜀文化如何通过不同形式的云端媒体得以继承与创新。

　　在理论支撑上，本书主要从传播学的角度切入，研究巴蜀文化在数字媒体平台上的传播方式，包括社交媒体、数字出版物、AI视频等，以了解信息如何通过数字化手段传播。首先，本书分析巴蜀文化中的符号、象征意义，以及它们在数字化媒体环境中的表达和传播方式，主要涉及语言、视频、音频等多种文化表达形式。其次，本书考察巴蜀文化在社交媒体上的互动和参与程度，研究数字平台上的用户如何共享、评论、传播巴蜀文化。最后，本书探讨如何利用数字技术保护和传承巴蜀文化。这一研究可以使人们更全面地理解数字化时代巴蜀文化的传播路径，从而为进一步保护、传承这一文化形式提供有益的参考。

　　在研究内容上，本书主要从以下方面着手：一是分析如何通过数字化媒介有效地展示巴蜀文化的独特性，包括语言、艺术、风俗习惯等文化符号，对比非互联网时代的巴蜀文化传播形式与现今基于互联网平台的巴蜀文化传播形式的异同。二是了解受众接受度和互动方式，如不同受众对巴蜀文化的接受程度、与巴蜀文化的互动方式，以及具体的参与程度。三是探讨文化保护与创新。在数字化传播的过程中，如何平衡对传统巴蜀文化的保护和必要的创新是本书将讨论的重要议题。四是探讨巴蜀文化在数字化传播中如何实现与其他文化的有效交流和融合。五是分析对经济发展的推动作用。数字化传播如何促进以巴蜀文化为基础的经济发展，旅游业、文化产业、周边产品等如何借力巴蜀文化的传播而盛行起来。

在研究目标上，本书主要涉及以下几个方面：一是利用数字网络技术、人工智能、新媒体平台等记录、保存和传播巴蜀文化，确保其能够被更多的人熟知；二是通过数字化传播，拉近人与人之间的距离，使更多的人足不出户就可以了解巴蜀文化；三是探索将巴蜀文化与现代技术、艺术形式相结合的新方式，力图使其更加生动和符合现代审美；四是通过提升巴蜀文化的知名度和吸引力，带动地方旅游业和相关文化产业的发展；五是通过数字化传播，在一些国家与地区开展跨行业、跨区域的友好、深度合作宣传，加强巴蜀文化与其他文化的交流，促进文化之间的多元融合和相互理解。

研究巴蜀文化与数字化传播的结合，不仅有助于人们更好地保护和传播这一独特文化，也为探索如何在现代社会中保存和发展传统文化提供了宝贵的经验。

二、技术路线

巴蜀文化数字化传播研究涉及多个学科交叉点的碰撞与融合，其在节日习俗、婚丧嫁娶、手工艺技法、饮食习惯上的研究也得到了丰富与扩展。在研究过程中，本书遵循的技术路线主要有以下两个维度。

　　一是基于多个学科融合构建理论体系。这些学科综合了国内外学者的研究方法与理论框架，以运用的轻重程度划分，主要包括传播学、文化人类学、网络心理学、大数据研究、云计算研究等。本书将在这些学科的基础上，重点对巴蜀文化与现代媒介结合的传播现状、传播价值等方面进行分析。

　　二是研究数字化平台的建设与传播。首先，本书将对巴蜀文化中的物质文化遗产和非物质文化遗产进行数字化对比，包括高清扫描、三维建模、音视频录制等。其次，本书将分析线上线下图书馆数据库存储数字化资料，然后将相关内容进行创新性整合，如制作互动式电子书、虚拟现实体验、增强现实展示等，并利用网站、社交媒体、移动应用程序等多种平台调查其内容传播方式，研究如何增强用户互动和参与感。最后，本书将查询教育、旅游、游戏等其他行业开发的跨界产品，如教育游戏、文化旅游路线等，分析这些行业如何根据用户反馈和技术进步，不断更新内容和优化传播方式，并保持文化的活力和吸引力。

　　这是一个多学科、多技术融合的过程，需要文化学、信息技术、传媒学等多方面的知识和技能。

第三节　研究方法

　　传播学的研究方法具有一些突出的特点，这些特点不仅体现在其所使用的具体技术上，也反映在其跨学科的本质和对社会现象的关注上。首先，它的研究方法受到社会学、新闻学、心理学、政治学等多个学科的影响，因此具有很强的跨学科特点。这意味着其研究方法常常需要适应不同的理论框架和研究问题。其次，传播学结合了定性和定量研究方法。前者通过逻辑推理、哲学思辨、历史求证等思维方式，研究传播的社会结构和功能、传播的社会控制、传播与社会发展的相互关系等；后者，如调查实验、内容分析和案例研究则属于 20 世纪兴起的现代科学方法对传播学研究的输入或移植，主要用于深入理解和解释现象。本书主要运用定性与定量分析方法，从实地调查、案例分析、比较研究三个层面出发，提出提高巴蜀文化数字化传播效果的建议。

一、实地调查法

实地调查法也称田野调查法，是一种根据研究对象的所处环境与某种社会现象，站在客观的角度，在一定范围内进行实地考察，并收集大量资料以统计分析，从而推论出确切可信的研究内容的研究方法。在实地调查中，调查方法往往视不同情况而定，包括观察、访谈、问卷调查等方式。

在实地调查前，研究者首先要做的准备是了解背景，即研究巴蜀文化的历史和特点，并摸清其在数字媒体上的表现；其次，研究者要选好调查工具，确保覆盖所有研究要点；再次，研究者要选择访问地点，本研究确定在四川省或重庆市等巴蜀文化集中的区域进行调查；最后，研究者要寻找合适的采访对象，可以是文化专家、当地居民、游客等不同群体。

做好以上准备后，研究者要着手以下事项：第一，通过观察、访谈等方式收集数据，并详细记录参与者的回答和观察到的现象；第二，整理和分析收集到的数据，寻找模式和趋势，并根据分析结果得出关于巴蜀文化数字化传播的结论；第三，得出结论后，开始撰写报告，总结研究发现，包括方法论、数据分析和结论，并基于研究结果，提出增强巴蜀文化数字化传播的建议；第四，通过学术期刊、研讨会或社交媒体等渠道查阅相关成果，对巴蜀文化数字化传播展开更深入的研究；第五，深入观察研究对象，更好地理解研究对象的环境和背景，从而获得更深刻的认知。这一方法特别适用于那些需要深入了解特定现象或环境的研究项目。

二、案例分析法

案例分析法也称个案研究法，是了解某一特定现象，对有代表性的事物（现象）进行周密而仔细的研究，从而获得总体认识的一种科学分析方法。

那么，如何科学使用案例分析法？研究者要明确分析研究的框架，确定要把握的核心要素，如传播内容、传播渠道、受众反应、数字表现的文化元素，明确分析的目的，如是为了提高传播效率，还是为了文化保护。

数字化传播是一个多维度、多层次的复杂现象。借助案例分析法，研究者可以深入探究特定的数字媒介实例，了解其运作机制、用户行为、内容特征等，从而获得更全面的认识。通过对特定案例的深入研究，研究者还可以揭示在更广泛的数字化传播过程中可能出现的趋势和模式。

本书所采用的案例分析法的步骤大致如下。

一是学习如何进行干扰性调查。对参与者进行访谈是一种常见的干扰性调查。在这一过程中，参与者知道自己在接受访谈，他们的行为会不自觉地有所调整。因此，研究者在与参与者交谈时，应尽可能地使参与者放松下来，例如，在实验室考古区的数字电视上播放三星堆自制短片，参与者谈及便不禁感叹青铜立人像的活灵活现。接着，研究者可以询问一些问题，如这次研究对他们有什么意义？他们能从中学到什么经验？他们在接受访谈的过程中有什么心理和情绪变化？收到参与者的回答后，研究者要及时对此进行总结整理，为后面的研究提供参考。

二是研究方法需严密。案例研究不像医学或科学实验那样有丰富的数据，但是研究方法很关键。若发现研究对象比较极端，研究者应该重新调查另一位典型的研究对象。回顾笔记时，研究者应思考逻辑关系，删除没有详细调查支撑的结论。对于每一个引用的来源，研究者都要仔细检查，确保信息可靠。

三是集合所有数据并分析。在写报告前，研究者必须整合数据和信息，若研究周期长，则更要注意这一点。如果是和别人合作进行研究，研究者应该事先分配研究任务，保证整个研究衔接好。例如，一个研究者负责把收集到的数据统计制作成表格，其他研究者每人负责解决一个重点问题。

四是描述选择的案例的详细背景。研究者要分析案例中如何呈现巴蜀文化的独特元素，如川剧、火锅文化、四川话等；分析案例中的传播策略，如故事叙述、视觉设计、用户互动设计等；探讨这些策略是如何增强文化内容的吸引力和传播效果的；分析哪些因素促成了成功，哪些因素可能限制了传播效果，并从案例中提炼关键的经验和教训。基于案例分析，研究者可以更加准确地提出提高巴蜀文化数字化传播效果的建议。

三、比较研究法

比较研究法是社会科学中的一种研究方法，它涉及对两个或多个案例（如国家、社会、组织、文化、政治体系等）进行系统比较，以发现和解释它们之间的相似性和差异性。

通过比较研究法，研究者可以更全面地理解复杂的社会现象，揭示不同社会、政治或经济系统之间的共性和个性，为理论构建和政策制定提供依据；可以识别不同文化、地区、时期或群体之间的差异和相似性，从而更深入地了解各种现象和概念，促进学术界和研究领域的知识进步。

本书所采用的比较研究法大致可分为以下几个步骤。

第一步，确定研究对象和维度。首先，选择比较对象。本书将选择具有一定差异性同时具备可比性的巴蜀文化数字化传播案例，如比较传统文化展示与现代化演绎的案例，或不同数字平台的传播效果。其次，确定比较维度。这主要包括传播内容的深度与广度、使用的技术手段（如 AR、VR、社交媒体等）、目标受众的反应、文化保护与传承的效果等。

第二步，数据收集工作。首先，案例研究。本书深入研究每个案例的具体情况，如组织者背景、传播目的、实施策略、使用的技术工具。其次，定量与定性数据。本书主要收集关于受众参与度、互动频率、反馈质量的定量数据，以及对文化内涵的理解、受众感知等定性数据。

第三步，比较分析。首先，直接比较。本书在各个维度上对不同案例进行直接对比，如在受众参与度、文化内容的深入度等方面。其次，深度分析。本书分析每种传播策略背后的原因及其对文化传播效果的影响，研究互联网传播对社会、经济和政治方面的影响，同时考虑文化内容、技术应用、市场定位等因素。

从实践结果看，比较研究法可以帮助研究者掌握巴蜀文化在互联网时代的传播情况，为文化保护、传承和创新提供有价值的信息。

第四节　巴蜀文化数字化传播的研究综述

巴蜀文化的传播是随着互联网的演进而发展的，同样，人们对它的认识和关注也是一个逐渐深化的过程。如果将巴蜀文化与数字化结合起来研究，就需要紧密联系传播学的核心概念和历史来源。本书接下来将从传播学、数字化传播和巴蜀文化三方面阐述其国内研究的学术脉络。

传播学于 1978 年传入中国，而"Communication"这一概念早在 20 世纪 30 年代以前就被引入中国，彼时中国本土的社会学和新闻学开展了大量有关传播问题的研究[①]。20 世纪 60 年代，中国台湾开创了传播学的研究先河，并于 20 世纪 70 年代在香港展开了系统化研究。随着中国经济格局的转变，传播学研究获得新的活力。1986 年，第二次全国传播学研讨会召开，会上提出"建设有中国特色的传播学"的研究目标，为国内学者指明了传播学本土化的研究方向。在此后的几十年中，关于本土化的传播学理论体系的建立成为研究的热门议题，国内学者积极探寻中国传播学研究的知识谱系，并推动中国传播学研究进入高潮。李艳红教授是中国早期研究国际传播的学者之一，她主要关注经济全球化背景下的国际新闻流动和文化交流问题；吕希哲教授主要关注媒介与社会的关系、新闻传播的规律，以及媒介对社会影响的理论探讨。

然而，传播学的发展并不是一帆风顺的。20 世纪末，中国的传播学研究处于起步和发展阶段，大多数学者都专注于探索和建立传播理论框架，以及研究中国特色的传播模式。在这一时期，中国学者提出的观点主要是积极的或探索性的，旨在理解和指导中国特有的传播环境和挑战。

20 世纪 90 年代，随着互联网和数字技术的兴起，中国的传播学研究开始进入快速成长期，其研究领域扩展到新兴的数字媒体和互联网技术，涉及互动媒体、社交媒体等。许多电台、电视台开始使用非线性编辑系统、虚拟演播室等数字化设备，并朝着多功能的数字化信息网络方向发展。学者也开始探索数字媒介对社会和个人的影响。由此，数字化传播逐渐崭露头角。21 世纪初，移动技术和社交网络的普及加速了数字化传播的分析与建构，涵盖了诸如数字分裂、在线社群和网络行为等议题。

这些阶段表明，传播学在中国的发展是一个逐步演进的过程，从早期的西方传播思想引入到后来的本土化探索，经由数字技术的加持，再到形成具有中国特色的传播学理论体系。在这个学科理论中，文化是不

---

① 刘海龙. 中国传播研究的史前史 [J]. 新闻与传播研究，2014，21（1）：21-36，126.

可或缺的传播载体。在一定程度上，文化是人类在社会实践过程中所获得的物质、精神的生产能力和创造的物质、精神财富的总和，那么，传播作为人的基本生活方式，正好承载着人的创造活动，构成了文化形成与发展的逻辑基础。没有传播的文化是没有力量的，没有文化的传播是没有内涵的，二者是互为一体的。

作为中国古代文化的重要组成部分，巴蜀文化主要分布在今天的四川、重庆及其周边地区。在中国学术研究的脉络中，学者对巴蜀文化的研究可以追溯到 20 世纪初，主要集中在考古、历史、民俗、语言和艺术等方面。以下是对这一研究领域的时间线和内容的整理，大致可以划分为四个阶段。

第一阶段：20 世纪初至 20 世纪 40 年代。1941 年，考古学者卫聚贤在《说文月刊》上发表了一篇名为《巴蜀文化》的文章，对大量巴蜀遗物进行了列举与对比，并首次提出了"巴蜀文化"这个称谓。而后对于巴蜀文化的研究主要集中在历史和地理方面，旨在揭示巴蜀地区的历史地位和文化特征。总体来看，这一时期的研究多依赖文献资料。

第二阶段：20 世纪 50—70 年代。中华人民共和国成立后，学者对巴蜀文化的研究逐渐系统化，开始涉及考古发掘。在这一时期，三星堆、金沙遗址等重要考古发现为相关研究提供了实物资料，推动了学者对古巴蜀文明的深入探讨。

第三阶段：20 世纪八九十年代。随着改革开放的深入，巴蜀文化的研究进入一个新的阶段，开始关注区域文化的保护和传承。学者更多地研究民俗、语言和艺术，同时开始关注巴蜀文化在全国乃至全球文化中的地位和影响。

第四阶段：21 世纪初至今，学者对巴蜀文化的研究变得更加深入。除了继续深入探讨历史、考古学和文化传承，学者也开始运用现代科技手段研究巴蜀文化，运用数字化手段保护和传播巴蜀文化遗产。例如，杨红在其文章《非物质文化遗产数字化传播的意义更新与趋势分析》中提出，数字化手段已经成为非遗实现保存、传播及利用的核心途径；陈哲敏、解庆锋在《跨文化传播视域下川剧的对外翻译》中分析了在信息传播全球化的背景下，以川剧为代表的巴蜀地方文化在走向海外的进程中，要高度重视跨文化传播问题，避免文明冲突带来的川剧对外翻译与传播的无效性或低效性。

巴蜀文化的研究历程反映了中国学术界的变迁，从最初的文献研究到现代多学科交叉研究，不断深化和拓展，形成了一个多元且丰富的研究领域。需要指出的是，中国国内的巴蜀文化数字化传播研究领域不断演变和发展，涉及众多具体的研究课题和成果，因而本书接下来将从不同角度进一步研究巴蜀文化。

第一章　溯源：巴蜀文化与传播概述

巴蜀之地自古有"天府之国"的美称，巴蜀文化更是与齐鲁文化、三晋文化共同构成了中国上古三大文化体系，在中国文明史上占据重要地位。古人对古巴蜀文明的记录不多，西汉扬雄的《蜀王本纪》对后世影响较大，书中所载蜀人"不晓文字，未有礼乐"的论断亦被旧时文人奉为史实。直到近代，巴蜀地区得到开发，当地的文化才被赋予了新的历史内涵和时代特征。

第一节　巴蜀地区的历史与地理背景

"巴蜀"二字在先秦时期意指巴国与蜀国，主要包括现在的四川盆地、重庆及其周边地区。

"蜀"字最早出现于商朝的甲骨文中。《尚书·牧誓》记载，商朝末年，在武王伐纣的牧野之战时，蜀国人曾经出兵相助，周武王在战前誓师大会上曾言："嗟！我友邦冢君御事，司徒、司马、司空，亚旅、师氏，千夫长、百夫长，及庸、蜀、羌、髳、微、卢、彭、濮人。称尔戈，比尔干，立尔矛，予其誓。"其中的"蜀"指的就是古蜀国，它的建立可以追溯到公元前4世纪。根据考古专家考证，古蜀国位于四川省广汉市三星堆遗址附近，是中国古代文明的一部分。

巴国始创于西周，巴人是华夏族的一员，与蜀人有密不可分的关系。《山海经·海内经》曾有记载："西南有巴国。太皞生咸鸟，咸鸟生乘厘，乘厘生后照，后照是始为巴人。"这句话翻译过来的意思是，西南方有个巴国。太皞生了咸鸟，咸鸟生了乘厘，乘厘生了后照，后照就是巴国人的祖先。巴国存在的历史大致有 800 年左右。东晋史学家常璩在《华阳国志·巴志》记载："鲁文公十六年，巴与秦、楚共灭庸。哀公十八年，巴人伐楚，败于鄾。是后，楚主夏盟，秦擅西土，巴国分远，故于盟会希。"在攻打庸国时，巴国与秦国、楚国联盟一举打败了庸国军队。公元前 377 年，楚国又攻下巴国首都（今重庆），逼迫巴人逃往今川北阆中一带。据资治通鉴第三卷记载，周慎靓王五年（公元前 316 年），巴国、蜀国互相攻击，都来向秦国告急求救，秦惠王听从了司马错的建议，起兵伐蜀，仅用了十个月就攻克全境，把蜀王降为侯，又任命陈庄为蜀国国相。蜀国被秦国吞并以后，因张仪贪恋巴国、苴国的富饶，进而夺取了巴国的政权，执王以归，置巴、蜀及汉中郡，分其地为三十一县。

这是巴蜀文化彻底融合的开始，在这之后一直被后人称为蜀地。蜀地地理位置独特，位于中国的西南地区，与中原地区有着密切的文化交流。汉代以后，蜀地逐渐融入了中原文化，形成了悠久的文化传统。

巴蜀在三国时期尤为著名，只因当时著名的三国之一蜀汉建都于今四川成都。四川有巴蜀要道，是兵家必争之地。蜀汉存在了约五十年，直到公元 263 年被晋朝征服。南北朝时期，巴蜀地区经历了多次政权更迭，包括刘宋、南齐、梁等南朝王朝。这一时期巴蜀地区逐渐成为南方的政治和文化中心。

唐代安史之乱后，唐玄宗李隆基在护卫军陈玄礼的护送下从长安逃往四川，此后的唐德宗与唐僖宗为了避难也都逃往了蜀地。这些事件对四川的文化和经济发展产生了深远的影响。宋朝时期，四川地区由南宋统治，文化和商业进一步繁荣。明朝的巴蜀经历了一些政治和文化上的变革。清朝时期，巴蜀地区被统一治理，逐渐成为重要的经济和文化中心。

总的来说，巴蜀地区在中国历史上一直扮演着重要的角色，经历了多个朝代的统治，而这些统治对其历史和文化产生了重要影响。

从地理位置上看，巴蜀地区位于横断山脉和川西高原之间，地势多为山地和高原，由于被秦岭、大巴山、峨眉山和青藏高原环绕，形成了独特的盆地地貌。四川盆地气候温和、雨量充沛、河流众多，是中国的重要农业区之一。另外，它有许多重要的河流和水系，其中最著名的是长江和岷江。长江流经巴蜀地区的东部，岷江则贯穿巴蜀地区的西部，这些水系为地区的灌溉、水资源供应和交通运输提供了便利。由于地理的多样性，巴蜀地区拥有丰富的生态系统，包括森林、草原、湖泊和湿地等，这些生态系统共同构成了巴蜀地区的独特风貌，对该地区的文化、经济，以及人们的生活方式产生了深远影响。

第二节　巴蜀文化的特点与价值观

巴蜀人有通经致用的特点，善于以自身的文化特色和文化视野来丰富和发展中华价值理念，并深刻地体现在其人文、艺术、饮食、语言和生活方式中。

一、巴蜀文化的特点

巴蜀文化的特点具体体现在以下几个方面。

第一，包容性强。巴蜀地区经历了多种文化的融合，主要归因于该地区在历史上培育了多元文化、宗教、思想和社会观念，以及鼓励不同群体之间的相互理解和包容。这种文化多元融合的历史背景促使当地人民对不同思想和文化持开放接纳态度。具体而言，巴蜀之地自古便是多种宗教的和谐共存之所，诸如佛教、道教、伊斯兰教、基督教等均在此扎根。以成都为例，其作为巴蜀文化的核心区域，不仅佛教寺庙，如文殊院香火鼎盛，同时清真寺、基督教堂等也散布在城市之中，展现了不同信仰人群间的和平共处与文化交流的生动图景，这种包容性促使了各种宗教信仰在相互影响下共同繁荣发展。在艺术创作方面，巴蜀文化的包容性也体现得淋漓尽致。例如，川剧作为巴蜀地区代表性的传统戏剧形式，其表演中融入了多种文化元素，既有古老的巴蜀民间故事，又有来自中原的戏曲元素，甚至还包括了藏羌等少数民族的文化特色，形成了独特的艺术风格。此外，在饮食文化上，巴蜀地区的包容性同样显著。四川菜系作为中国四大菜系之一，其形成与发展过程中不仅吸收了本地食材与烹饪技法，还广泛借鉴了其他地区乃至国外的烹饪理念与食材。

第二，语言幽默性显著。巴蜀方言，尤其是成都话与重庆话，以其独特的韵律构造、丰富的俚语词汇与浓厚的幽默感而著称于世。这种方言不但音韵和谐，而且常常蕴含着诙谐、讽刺与自嘲的元素，使得巴蜀人民素以幽默、风趣的性格特质闻名。这一特性在日常生活、文学作品以及各类艺术表现形式中均得到了普遍体现。例如，在巴蜀地区的影视作品《傻儿师长》中，主人公傻儿师长的憨厚与机智，加上大量地道的四川方言俚语的运用，展现了一种独特的幽默风格，深受观众喜爱。在相声、小品等艺术形式中，巴蜀的艺术家也常常巧妙地运用方言的幽默元素，如夸张的语气、俏皮的比喻等，创作出令人捧腹的作品，如经典的四川方言相声《卖油翁》就展现了巴蜀人民独特的语言智慧与幽默才华。这种乐观向上、幽默风趣的生活态度不仅丰富了巴蜀地区的文化生活，还深刻反映了巴蜀人民在面对生活中的种种困难与挑战时所持的积极心态，以及他们在复杂多变的社会环境中保持平和、乐观的非凡能力。无论是在自然灾害还是生活变故面前，巴蜀人民往往能以幽默的方式化解困境，通过轻松的语言进行调侃，展现出坚韧不拔的生活态度和乐观向上的精神风貌。

第三，饮食文化多样化。四川菜以其独特的麻、辣口味而著称，这不仅反映了当地人对多样化口味的执着追求，还体现了他们在饮食文化上的深厚底蕴和独特创新。从麻辣滚烫的火锅到精致可口的家常菜，巴蜀的饮食文化无不展示出当地人对食材选择、调味搭配和烹饪手法的深刻理解。例如，四川火锅以其丰富的食材选择、独特的麻辣汤底和热烈的食用氛围成为巴蜀饮食文化的代表性符号，深受国内外食客的喜爱。巴蜀人民对食物的选择、烹饪和享用都充满了热情。他们善于将各种食材进行巧妙的搭配，运用独特的调味和烹饪手法，创造出令人垂涎欲滴的美味佳肴。这种对美食的热爱不仅仅是对味觉的简单追求，更是一种生活艺术和社交方式。在巴蜀地区，人们常常通过共同品尝美食来增进友谊、加深感情，美食成为人们社交交流的重要媒介。例如，在四川的乡村，每当重要的节日或庆典时村民们都会聚在一起，共同烹饪和分享各种美食，俗称"坝坝宴"，以此来表达彼此的喜悦和祝福。这种以美食为纽带的社交方式不仅增进了人们之间的情感交流，还进一步丰富了巴蜀文化的内涵和魅力。

二、巴蜀文化的价值观

巴蜀文化的价值观丰富而深远，善于以自身的文化特色和文化视野来丰富和发展中华民族的传统价值理念。巴蜀地区以独特的对于人类命运的终极思考和价值理念，对中华道学和儒学做出了开创性的贡献。例如，西汉时期文翁兴学，巴蜀人积极学习和接受以中原文化为向心力的华夏价值观。总结来看，巴蜀文化的价值观可以从以下三点来分析。

第一，对传统的尊重和创新。巴蜀文化强调对传统的尊重，无论是在美食、语言还是艺术方面，都能看到其对传统的继承和发扬，如蜀锦等传统手工艺，以及川剧中的变脸和吐火艺术，都体现了巴蜀人对技艺传承的重视。与此同时，巴蜀人民不断创新，将传统文化与现代元素相

结合，积极参与文化产业，通过创新的方式将传统文化融入现代产业，如文创产品、旅游体验等，积极创造新的文化表现形式。这种创新精神使巴蜀文化始终充满活力。比如，成都的锦里古街是一个古老的商业街区，保留了许多明清时期的传统建筑和巴蜀传统文化元素。当地人通过保护和恢复锦里，展现了对古老巴蜀文化的尊重。在锦里，人们可以看到传统的四川建筑风格，品尝到正宗的川菜，欣赏到川剧和传统手工艺品。除此之外，锦里还接纳了现代的商业元素，如特色小吃、文创商品等，通过创新的方式吸引了更多的游客，使传统文化在现代社会中焕发新的活力。

第二，对自然的敬畏和爱护。四川的自然景观既壮丽又多样，从山脉到平原，从河流到湖泊，这些自然元素深深影响了当地人的生活和文化。巴蜀文化对自然的敬畏和爱护体现在许多方面，如传统的农业活动、民间的节日庆典，以及对自然景观的文学描述。典型的例子是巴蜀人民积极投入大熊猫保护工作中，包括建设保护基地、开展科学研究、推动教育普及等方面。通过这一保护项目，当地人传递了对大自然的深切关爱，表达了对巴蜀地区特有生物多样性的珍视。

第三，和谐与共生的生活理念。巴蜀文化强调人与自然之间的平衡和共生关系，这种理念在巴蜀地区的农耕传统和建筑艺术中得到了充分体现。该地区一直以来都有深厚的农耕传统，巴蜀人注重季节性的农耕活动，遵循自然的生态律动，通过合理的耕作和轮作方式实现了与土地的和谐共生。例如，四川的成都平原自古以来就是著名的水稻产区，巴蜀人民根据季节变化，合理安排水稻的种植和收割，既保证了粮食的丰收，又维护了生态环境的平衡。

巴蜀地区的传统建筑也注重与自然环境的融合，借景造景，力求与周围的自然景色相辅相成，达到和谐的整体效果。例如，四川的传统民居常常采用青瓦白墙、穿斗式木质结构的建筑形式，不仅适应了当地的气候条件，还与周围的山水景色相得益彰。在庭院布局上，巴蜀人民注重借景，将远处的山景、近处的水景巧妙地融入庭院之中，营造出一种与自然和谐共生的居住环境。这种和谐共生的生活理念不仅体现了巴蜀人民对自然的敬畏和尊重，还为当今社会的可持续发展提供了有益的借鉴。

直到现在，这里的人也注重生态环保，强调社会关系的和谐，积极参与保护自然环境的活动，追求人与自然的和谐共生，重视家庭、邻里之间的互助与和谐共处。

第三节　巴蜀文化符号的分类梳理

巴蜀文化历史悠久、符号体系丰富，是研究中国古代历史和文化的宝贵资源。毫不夸张地说，巴蜀文化符号不仅是地方身份的象征，也是教育年轻的一代和传播地方文化的重要工具。具体而言，巴蜀文化符号主要有以下几种类型。

一、语言与方言

受地理环境与历史习俗的影响，巴蜀地区的人们自古就善于表达。这种语言嗜好体现在他们对"乡音"的运用上，即使在行文中间也不时插入"乡音"，从而使表达方式生动形象，极富感染力。这些"乡音"共同组成了巴蜀语言，尤其是成都话和重庆话。这些方言特点显著，并且根据不同的地理位置有所差异：在声调上，四川话的声调比普通话更为丰富，而成都话和重庆话等地方方言的声调也有自己惯用的调值和语法，如重庆方言常带有儿化音；在发音上，四川话中的一些音节与普通话有明显区别，如川南地区的平翘舌和边鼻音；在情感表达上，四川话更为直接和生动，常用的地方俚语和谚语富有幽默感和生活智慧。另外，四川话的语法结构在某些方面与普通话也有所不同。

在地域划分上，基于地理位置和历史背景，四川话可以大致分为以下几个区域。

第一，成都平原方言。成都话是最具代表性的四川话之一，以节奏柔和的语调和平舌的发音习惯著称。例如，"四川"在方言中的"四"和"川"都带有轻声，川字更带平舌音。需要注意的是，成都平原地区的方言在不同的地方和不同的年龄层可能有一些变化，但总体上具有四川话的共性特点，同时受当地文化和社会因素的影响。

第二，重庆方言。重庆话因地理位置的独特性，在一些语音上有所区别，尤其在不同的地区可能存在一些变化，如在市区和郊区之间，口音可能有所不同。但是，一些俚语和当地习惯用语在这里仍比较常见。例如，"莫得"是"没有"的意思。

第三，川东方言。川东方言主要分布在四川东部地区，这一区域的方言保留了更多古汉语的特点。川东方言的声调相对平稳，不如重庆方言的音调起伏大，通常包括四个声调：平声、上声、去声和入声。另外，其语法和语序通常与普通话相似，语音发音相对清晰，但仍然有一些地方性的语法特点。

第四，川西高原方言。在四川西部高原地区，包括雅安、阿坝等地，受藏区文化影响，方言中可能包含一些藏语词汇和发音元素。这种影响在川西的一些藏族地区尤为明显。另外，该地区有多个民族居住，包括藏族、羌族、彝族等，因此方言可能受到不同民族语言和文化的影响，呈现出多元性。

第五，川南方言。川南方言主要分布在四川南部，如泸州、自贡等地区，不同的城市、县级地区和乡村可能有各自的方言特点。与川东地区相似，它们的声调变化相对较少，不像重庆方言那样音调起伏大。

总的来说，巴蜀地区的语言丰富，不同地区的方言各具特色，这些方言不仅是人们交流的工具，更是当地文化和历史的重要载体。

二、传统节日与习俗

巴蜀地区拥有丰富的传统节日和习俗，这些节日和习俗不仅展现了当地的文化特色，也体现了当地人对自然、历史和社会的尊重。

在传统节日方面，春节是巴蜀地区最重要的传统节日之一，家家户户会进行大扫除，张贴春联，放鞭炮，团聚吃年夜饭。年夜饭中常见的菜肴包括鱼（寓意年年有余）、汤圆（表示阖家团圆）、饺子（象征财富）等食物。在此期间，巴蜀地区还有舞龙、舞狮等民间表演，体现了浓郁的地方文化特色。

巴蜀地区的清明节习俗有其独特之处，虽然与中国其他地区有相似之处，如祭祖、扫墓、踏青等，但也有一些特别的习俗。在一些地区，清明节有吃冷食的传统（如凉拌菜、冷面等），这源于古代的寒食节。在巴蜀地区，放风筝有着特别的意义。据说风筝能带走厄运和疾病，人们常通过放风筝寄托对健康和平安的祈愿。另有部分地区在清明节酿制和享用清明酒。这是一种用当地谷物酿制的清酒，寓意着春天的到来和对生活的期待。

端午节期间，巴蜀地区的人们会包粽子、赛龙舟，还有挂艾草、菖蒲等习俗。虽然划龙舟是全国性的端午习俗，但在巴蜀地区，特别是四川的一些河流和湖泊地区，龙舟赛事盛大，具有浓厚的地方特色。巴蜀地区的粽子在馅料和做法上有独特之处，如使用当地特产的豆沙、肉类等作为馅料，有的地区还会制作五香味的粽子。在一些地区，端午节时还会饮用雄黄酒，以防蛇虫咬伤，寄托健康、平安的愿望。

中秋节是巴蜀地区的传统节日，赏月、吃月饼是这一节日的主要习俗，用以庆祝月亮的圆满和家人的团聚。巴蜀地区的月饼在风味上有自己的特色，多使用豆沙、豆瓣酱、辣椒等填充物。中秋节的晚上会放许愿灯，寓意放飞心愿，另有猜灯谜、放天灯等活动，富有诗意。

巴蜀地区的传统节日与风俗不仅承载了深厚的历史文化底蕴，还融入了独特的地域文化元素。无论是清明节的吃冷食、放风筝、酿清明酒，端午节的包粽子、赛龙舟、饮雄黄酒，还是中秋节的赏月、吃月饼、放许愿灯等活动，都展现了巴蜀人民对生活的热爱和对传统文化的坚守。这些独特的习俗和活动不仅让巴蜀地区的传统节日更加丰富多彩，还让巴蜀文化在传承中不断创新和发展。

三、巴蜀美食文化

巴蜀地区的美食历史可以追溯到三星堆宝墩文化，考古专家在遗址中发现了大量稻谷的痕迹，以此判断几千年前，古蜀人就开始在四川一带广泛种植稻谷了。稻谷的成熟与烹煮需要炊具的加工，于是古人将青铜打造成类似锅的形状，其上部为甑，下部为鬲，是两者结合的一种蒸食器。从这个类似蒸锅的器具就能看出，古蜀人拥有高超的炼制青铜器的技术，同时擅长研究美食。

在中国的历史上，四川地区是多民族多文化交融的地区，不同民族和文化的融合，为巴蜀美食文化的形成提供了条件，特别是在明清时期，随着辣椒的引入，巴蜀美食开始形成以麻辣为主要特色的烹饪风格。另外，在丝绸之路的交通贸易与文化交流中，巴蜀作为其中的一部分，吸引了来自中亚、印度等地的商人，这些商人带来了更多的食材和烹饪技巧，推动了巴蜀美食的发展。

巴蜀的美食文化也深受该地区独特的地理环境、历史背景和文化多样性的影响。四川盆地四周被山脉环绕，盆地内气候湿润，拥有丰富的自然资源，适合多种作物的生长，特别是辣椒和各类香料的栽培。这为巴蜀美食提供了丰富的原材料。四川盆地内河网密布，水产资源丰富，又为当地餐桌提供了多样的食材，包括丰富的水产、农产品和野生食材。这种自然资源的丰富性为美食的发展打下了坚实的基础。

川渝美食的口感独特，最显著的特点是麻辣味。四川菜使用大量的辣椒和花椒，创造出独特的麻辣口感。这种麻辣味不仅仅是辣，还讲究香味和口感的层次，使得食物味道丰富而复杂。尽管麻辣是四川菜的主要特色，但其口味远不止于此，酸、甜、苦、咸、香各种口味在四川菜中都有体现。例如，宫保鸡丁的酸甜辣、鱼香肉丝的酸甜香等。

另外，四川菜使用的食材非常广泛，从各种肉类到海鲜，从蔬菜到豆制品，都是其烹饪的原料。四川菜的烹饪方法也非常多样，包括炒、烧、炖、蒸等。无论是家常小炒还是宴席上的复杂菜式都讲究色、香、味的结合。四川的不同地区还发展出了各具特色的地方菜肴，一些城市已经成为美食旅游的热门目的地。

许多川菜餐馆已经在世界各地开设，为人们提供正宗的巴蜀美食，尤其在唐人街上一些川菜馆受到人们的青睐，去打卡和品尝的人络绎不绝。这些餐馆通常会适当地做出调整和改良，以符合当地人的口味，吸引更多的人去消费。

随着巴蜀美食知名度的提高，餐饮教育机构也为人们提供川菜烹饪课程，鼓励国内外学生学习巴蜀烹饪技巧。部分名厨和美食博主通过电视美食节目、社交媒体和视频分享平台分享巴蜀美食的制作过程，吸引了全球观众的关注。巴蜀特产，如辣椒酱、火锅底料、泡菜等，也通过互联网销售到全球各地。这使得人们无须前往巴蜀地区，便可以购买和品尝正宗的巴蜀美食。

四、传统手工艺

巴蜀地区的传统手工艺之所以得以存在和发展，是独特的自然环境、悠久的历史文化，以及手工艺人的技艺传承和创新共同作用的结果。这些手工艺不仅是巴蜀文化的重要组成部分，也是连接传统与现代的桥梁。以下是巴蜀地区主要的传统手工艺及其特点。

（一）四川刺绣

蜀绣是中国四大名绣之一，以其精细的针法、鲜艳的色彩和生动的图案而著名。它起源于巴蜀地区，最早是为皇室贵族制作的装饰品，后来逐渐传播到民间，成为一种流行的手工艺品。它的特点是线条流畅、色彩丰富，能很好地表现自然景物和人物的细微之处。

蜀绣的制作工艺主要以丝线和绸布为主要材料，绣品图案通常是熊猫、花鸟、鱼虫、风景等，注重细致和生动，尤其擅长表现细腻的渐变色和立体感。正因为这些特性，蜀绣在巴蜀地区代代相传。可以说，蜀绣不仅是一种工艺，也承载了巴蜀地区的文化传统和历史记忆，它反映了这一地区的审美观念和生活方式等，为世人展示了中国文化的独特魅力。

在四川刺绣中，还有一种传统丝织工艺以其精美的图案和绚丽的色彩闻名，那就是蜀锦。蜀锦最早可追溯到秦汉时期，在唐代和宋代达到了巅峰，成为当时中国最著名的丝织品之一。蜀锦的织造技艺复杂，能够在织物上呈现极为细腻和生动的图案，常被用作高级服饰和室内装饰品。

它采用丝线和金银线进行织造，通常用织锦机完成。这种工艺要求工匠将不同颜色和纹理的丝线交织在一起，创造出华丽的花纹和图案。这些图案可以是花卉、动物、人物等多种主题，反映了中国文化的多样性。蜀锦也常常被用于宫廷服饰、礼品和装饰品上，体现了中国古代社会的繁荣和高度文明。发展至今，蜀锦仍然具有重要的文化价值和商业价值，它常常被用于高档礼品、家居饰品、纺织品以及艺术品等领域。

（二）四川竹编

四川竹编有着悠久的历史，可以追溯到约五千年前的新石器时代。巴蜀大地，竹子资源丰富，四川盆地盛产竹子，外加民间手工艺人擅长以竹子编织日常生活用品，如凳子、箩筐等，这都为竹编技艺的发展提供了得天独厚的条件。四川的竹编艺术在历史长河中不断发展和创新，是一门独特且精湛的手工艺术，它不仅仅是巴蜀地区的一张文化名片，更是中华民族传统工艺宝库中的瑰宝。

竹编制品既有实用性，讲究细致和坚固，如篮子、容器等；又有艺术性，精美雅致，如装饰品、模型等。例如，渠县刘氏竹编以其复杂的工艺和精细的制作而闻名，其成品需要经过三十多道工序才能完成，每道工序都精细严密；巴中竹编把传统书法和绘画艺术融入竹编制品中，使其具有独特的文人书画艺术特征。

四川竹编的应用领域广泛，从日常用品（竹筷、竹篮、竹席等）到精美的工艺品（竹编字画、竹编屏风等），无不体现出手工艺人的精湛技艺和竹编制品的独特魅力。同时，随着时代的发展，四川竹编也在不断创新，通过结合现代设计元素，制作出了更多符合现代审美和实用需求的竹编制品，展现了巴蜀人民的智慧和创造力。

（三）漆　器

漆器作为古老而精湛的传统工艺品，以其卓越的耐用性和高度的艺术性广受赞誉。在巴蜀地区，漆器更是被赋予了深厚的地域文化和民族特色。巴蜀漆器的色彩鲜艳明快，图案设计多样化，既有古朴典雅的纹饰，又有充满民族风情的图腾，每一件漆器都堪称艺术品，体现了工匠们的匠心独运和高超技艺。

制作巴蜀漆器的工艺相当复杂，每一步都需要精湛的技艺和充足的耐心。制作过程包括精确的描样，这需要工匠有高超的绘画和设计能力；精细的雕刻，展现出工匠对于细节的追求；巧妙的填色，使得漆器色彩层次丰富、视觉冲击力强；细致的磨光，这道工序更是让漆器表面光滑如镜，提升了其质感和美感。

在巴蜀地区，漆器文化丰富多彩，彝族漆器以其独特的民族图案和鲜艳的色彩，彰显了彝族的文化传统和艺术审美；客家漆器则体现了客家人的迁徙历史和独特文化，其图案和色彩都蕴含着深厚的文化内涵和历史意义；而当地人日常使用的普通漆器更注重实用性，图案简洁大方，色彩搭配和谐。这三类漆器各具特色，共同构成了巴蜀地区丰富多彩的漆器文化。

（四）泥塑

四川泥塑，这一古老而魅力四溢的民间艺术，深深植根于巴蜀文化的沃土之中。泥塑工匠以朴实无华的泥土为主要材料，经过巧手的精心塑形和细致彩绘，最终打磨出一件件栩栩如生的作品。这些泥塑作品多以人物、动物为主题，每一件都充满了生活的气息和艺术的韵味。

在巴蜀地区，泥塑艺术以其形象之逼真、色彩之鲜艳、风格之幽默而广受喜爱。无论是慈祥的老者、活泼的孩童，还是威武的神兽、飘逸的仙女，每一个泥塑形象都仿佛被赋予了生命，讲述着属于它们自己的故事。可爱的泥塑玩偶和精美的泥塑装饰品已成为人们生活中不可或缺的一部分。

四川泥塑的创作灵感往往来源于丰富多彩的民间故事、传奇的历史人物以及鲜活的日常生活场景。每一件作品都承载着深厚的文化内涵和人民的智慧与情感。在民间传统节庆和宗教活动中，四川泥塑更是发挥着举足轻重的作用。它们不仅为节日增添了喜庆的氛围，还寄托着人们对美好生活的向往和祈愿。

总之，四川泥塑以其独特的艺术魅力和深厚的文化底蕴，成了巴蜀地区一张亮丽的文化名片，让人们在欣赏的同时，能感受到传统民间艺术的无穷魅力。

（五）川剧变脸

川剧变脸是中国川剧中一种极具特色的舞台表演技艺，以快速变换面具的技巧闻名于世。川剧变脸虽然被认为是一种表演艺术，但其中的变脸技艺也涉及一定的手工技艺，如变脸使用的面具和彩绘大都是手工制作，需要制作者具备高超的技艺。

　　川剧变脸的技艺保密性很高，传承有序，通常由师傅传授给有潜质的弟子。它的技巧有多种，大致分为四类：第一为涂抹式，即使用不同颜色的油彩在脸上迅速涂抹，改变面部表情；第二为扯动式，即面具以叠加的方式藏在演员的脸上，通过线索或其他机关迅速扯动，展现不同的面具；第三为吹动式，即利用嘴里藏的颜色粉末，通过吹气的方式迅速改变脸部颜色；第四为翻滚式，即面具以翻折的形式设置，需要演员通过快速的头部动作展现不同的面具。

　　变脸融合了戏剧、美术、音乐和舞蹈等多种艺术形式，展示了中国戏剧的独特魅力。如今，川剧变脸不仅在中国，还在世界各地受到人们的喜爱和赞誉，成为中国文化的一张名片。

第四节　巴蜀文化的传播与数字化发展

　　随着社会的进步与发展，数字化已然成为互联网时代的标志。它指的是将现实世界中的事物、信息、数据等转化为数字形式，以便于计算机和电子设备对其进行处理、存储、传输和分析。数字化的应用范围非常广泛，包括数字化文化遗产、数字化媒体、数字化生产等多个领域。巴蜀文化的传统传播方式受限于地理和时间因素，难以迅速覆盖更广泛的受众群体。过去，巴蜀文化主要依靠口耳相传、书籍记载、民间艺术表演以及实物展示等手段进行传播，但这些传统手段难以长期保存文化内容，且容易受到时间流逝、自然灾害或人为破坏的影响。在中华优秀传统文化的传承中，数字化与其结合，通过互联网连接、采集信息和分析大数据等方式，为传统文化提供了新的传播渠道。在数字化的支持下，巴蜀文化开辟了传统文化推陈出新的途径，促进了自身的传承、交流和创新。

一、运用先进科技增强体验感

体验感在巴蜀文化的传承与传播过程中扮演着至关重要的角色。它不仅仅是观众对文化内容的一种直观感受，更是文化深层次魅力与观众情感共鸣的桥梁。利用互联网平台和前沿的数字技术来展示巴蜀文化，已成为一种具有显著创新性和直接性的方式。这些先进技术以其独特的魅力，打破了传统展示方式的时空限制，为用户提供了前所未有的沉浸式文化体验。

不仅如此，相关政府部门还可以充分利用这些先进技术，重现四川的历史古迹和文化遗产。通过数字化的手段，用户可以穿越时空的界限，游览那些古老而神秘的庙宇、庭院和街巷，仿佛亲临历史的现场，聆听历史的回声，感受巴蜀文化那份深厚而独特的底蕴。这种数字化的展示方式不仅能够大大丰富用户的感官体验，使用户能更加真切地感受巴蜀文化的魅力，还能为巴蜀文化的传承与弘扬开辟出全新的途径，让更多的人以更加便捷、直观的方式了解和爱上这份宝贵的文化遗产。

二、开发专门的巴蜀文化课程

巴蜀地区在哲学、文学、艺术、宗教、科技等方面都有十分重要的贡献，涌现出了众多杰出的历史人物和文化遗产。例如，在哲学方面，古代巴蜀的思想家们提出了许多独特的哲学观点，丰富了中华哲学的思想宝库；在文学领域，司马相如、扬雄、李白、杜甫等文学巨匠的作品不仅具有很高的艺术价值，还深刻反映了巴蜀地区的社会风貌和人文精神；在艺术方面，巴蜀地区的绘画、雕塑、陶瓷等艺术形式独具特色，为中华艺术的发展做出了重要贡献；在宗教和科技方面，巴蜀地区也有着丰富的历史遗产和创新成果。开发巴蜀文化课程可以让学生在学习过程中深入了解巴蜀文化的历史渊源、民俗风情、文学艺术等方面的内容，从而增强对中华文化的认同感和自豪感。

在线教育平台如今已经能够提供与巴蜀文化密切相关的丰富多样的课程。这些精心设计的课程能够全方位覆盖四川深厚的历史沉淀、璀璨的文学作品、独特的艺术形式、悦耳的地域音乐以及引人入胜的戏剧表演，如脍炙人口的川剧。为了使学生更好地沉浸在巴蜀文化的海洋中，这些课程大多采用生动有趣的视频讲座、充满活力的互动讨论以及如临其境的虚拟现场体验等形式。与此同时，通过运用先进的虚拟现实与增强现实技术，平台能够为广大学子提供一个高度互动的学习环境，使他们更直观地感受巴蜀文化的魅力。

例如，对于并非巴蜀地区本地的学习者来说，如果他们渴望掌握巴蜀的独特语言，便可以利用互联网的便捷性，轻松找到专门针对四川或重庆方言的在线学习课程。这样的课程通常包含方言的发音技巧、常用词汇和表达方式，甚至还有模拟对话和情景练习，让学习者能够在实践中逐渐掌握巴蜀方言的精髓。这样不仅有助于地方珍贵语言的传承与保护，更能使学习者在学习过程中逐渐加深对巴蜀文化丰富内涵的理解和感悟。这种教育模式不仅打破了地域限制，让巴蜀文化得以广泛传播，还为对巴蜀文化感兴趣的人们提供了一个便捷、高效的学习渠道，使得巴蜀文化的独特魅力能够跨越时空，触达每一个热爱中华文化的心灵。

三、通过电商平台销售特色产品

电商平台是为企业或个人提供网上交易洽谈的虚拟网络空间，企业或个人可以通过电商平台展示、宣传或销售自身产品，是协调和整合信息流、货物流、资金流有序、关联、高效流动的重要场所。传统销售模式往往需要投入大量的店面租金、装修费用以及人员成本等，而电商平台销售可以大大降低这些成本。通过电商平台，巴蜀文化产品可以轻松

地销往全国各地乃至全球，大大扩展了产品的潜在消费群体，对于提升巴蜀文化产品的知名度和影响力具有重要意义。从现实的市场趋势来看，精美细腻的四川刺绣、香醇回甘的成都茶叶、韵味独特的川剧面具等具有巴蜀特色的产品正以其鲜明的地域特色和深厚的文化底蕴，吸引着全球消费者的目光。这些产品不仅品质上乘，更承载着巴蜀地区丰富的历史文化信息，因此更易于促使全球消费者产生购买意愿。

以巴蜀网购为例，该平台通过整合巴蜀地区的优质文化产品资源，打造了一个集销售、推广、物流于一体的电商平台。巴蜀网购不仅为消费者提供了一站式购物体验，还为创业者提供了一个低门槛、高回报的创业机会。通过巴蜀网购平台，巴蜀文化产品得以更加便捷地走向全国乃至全球市场，实现了文化传承与商业价值的双赢。事实证明，为了进一步推广这些具有巴蜀特色的产品，开发一个专门的直播平台显得至关重要。通过这一平台，相关部门可以集中展示和销售四川刺绣、成都茶叶、川剧面具等产品，让消费者在欣赏和选购的同时，深入了解每件产品背后的文化故事和独特工艺。这种将文化与商业完美结合的销售模式不仅能为产品赋予更高的文化价值，还能有效提高消费者对产品的兴趣和认可度。例如，在直播过程中，主持人可以邀请文化传承人、手工艺者或者行业专家，现场展示制作工艺，讲述产品背后的历史故事和文化内涵。这种互动式、沉浸式的直播能够大大提升消费者的购买欲望，从而促成更多的消费行为。通过这种方式，相关部门不仅能够将巴蜀地区的优质产品推向全球市场，还能在推广过程中传播巴蜀文化，实现文化与经济的双赢。

四、开发互动网站或应用程序

相比于传统的文化传播方式，互动网站或应用程序具有更高的传播效率和更加丰富、生动的用户体验。通过多媒体、虚拟现实、互动游戏等技术手段，它们可以迅速地将巴蜀文化的最新资讯、活动、研究成果等内容推送给用户，实现即时的文化传播和更新；用户可以在线体验巴蜀文化的各个方面，如历史、艺术、风俗等，从而更加深入地了解和感受巴蜀文化的魅力。

首先，构建一个交互性强、内容翔实的网站平台，旨在为用户提供巴蜀文化的虚拟沉浸式体验。此平台不仅能够使用户仿佛亲身置身于四川独特的茶馆氛围中，体会那份特有的悠闲与宁静，还能使用户参与互动式的川剧表演体验，亲身体验到川剧变脸的奇妙与魅力，进而加深对巴蜀文化独特性的认识。例如，通过虚拟现实技术，用户可以"走进"一座古老的四川茶馆，听到茶客们的闲聊，感受独特的茶香和氛围，仿佛自己就是其中的一员。

其次，设计并发布一款以巴蜀文化为深厚背景的互动文化探索游戏，旨在引领用户穿越时空的界限，深入探索巴蜀地区的历史演变与文化传承脉络。在此游戏环境中，用户不仅能够系统地学习丰富的历史知识，还能亲身体验巴蜀文化的独特韵味，实现寓教于乐，让知识的学习与文化的体验相得益彰。比如，游戏中可以设置一个关于三国时期的章节，玩家可以扮演蜀汉的将领，亲身体验那个时代的战争与和平，了解巴蜀在那个时期的重要地位。

最后，开发一系列与巴蜀文化紧密融合的实用型应用程序，覆盖方言学习、川菜烹饪技巧、传统艺术欣赏等多个主题，为用户提供便捷的学习渠道与多元的文化体验途径。这些应用程序使得用户能够不受时空限制地接触与学习巴蜀文化，进一步加深对这一地域性文化遗产的认知与理解。例如，方言学习应用程序可以让用户通过语音识别技术学习地道的四川话；而川菜烹饪应用程序可以提供详细的川菜制作教程，让用户在家中也能尝试制作正宗的川菜。

这些创新的文化传承方式不仅将巴蜀文化以更加生动活泼的形式展现给受众，有效激发他们的参与热情，促进文化的广泛交流与深度传播，

还可以通过网站与应用程序的广泛推广与应用，为巴蜀文化的广泛传播与深度保护开辟新的路径，使这一独特的地域文化遗产在当代社会中焕发出新的生机与活力。

第二章 脉络：文化传播的数字化历程

第一节 传统文化的地域特征与传播媒介

一、传统文化的地域特征

地域特征是一个综合性的概念，主要指的是一个地区在自然、人文和经济等方面所呈现出的差异性，这种差异性是由特定地域的历史脉络、地理环境、社会氛围以及文化背景等深层次因素所导致的。故此，这种地域性既塑造了传统文化的丰富性，也在一定程度上制约了其更广泛的传播。

巴蜀地区坐落于我国西南区域，其地形呈现出高度的复杂性，拥有高原、山地、丘陵与平原等多种地形。这种复杂且独特的地形格局历经漫长岁月的沉淀，孕育了巴蜀地区独一无二的传统文化。

作为巴蜀地区典型的传统民居，吊脚楼依山而建，错落分布于山水之间。为适应该地区地势起伏、河网纵横的地理环境，古代先民因地制宜创造出这一独特的干栏式建筑形式。先民建造吊脚楼时采用"占天不占地"的营建策略，通过利用山坡地势，将部分楼体架空，从而节约了大量人力、物力资源，还最大限度减少了对自然环境的干预，达成了建筑与自然地形的高度契合。

从历史发展脉络来看，巴蜀地区吊脚楼在长期演进过程中融合了多民族的文化元素，苗族、土家族、侗族等民族的文化特质均在其中有所体现，如木雕、石雕、彩绘等，以神话传说、动植物图案和日常生活场景为主要题材，反映民俗风情与民族记忆。不同民族文化相互影响、相互借鉴，共同塑造了丰富多彩的巴蜀吊脚楼文化。在当代语境下，巴蜀地区吊脚楼不仅是传统民居的典范，还是一部承载着多民族文化的"活态史书"。

对吊脚楼在全国范围内的地理分布进行分析，结果显示其主要集中于西南地区，故吊脚楼这一传统文化具有地域性，这说明其在传播和发展上具有一定的封闭性。不同地域的居民有着不同的生活习惯和节日习俗，从而创造出各具特色的传统文化，地域因素的限制确实在一定程度上影响了不同地区的传统文化的交流和融合。随着社会的发展，一些传统文化的传承和发展面临新的挑战，在对传统文化加以保护和传承的过程，需要采取有效措施。

二、传统文化的传播媒介

传统文化是文明演化汇集而成的一种反映民族特质和风貌的文化，是各民族历史上各种思想文化、观念形态的总体表现。其内容当为历代存在过的种种物质的、制度的和精神的文化实体和文化意识。它是对应于当代文化和外来文化的一种统称。世界各国、各民族都有自己的传统文化。我国的传统文化包括古代文集、诗词乐曲、戏剧唱词、书法绘图和传统节日等内容，承载着一个民族的历史记忆、道德伦理，代表着一个时代或者一个文明的核心价值观和信仰。

传统文化最原始的传播方式是口口相传。这种方式是通过个体间的信息传递与阐释来实现传统文化的代际传承与延续的。无论是口头传说、故事、歌曲、谚语还是谜语，都是一种无形的文化遗产，维系着社区或群体的历史和文化传承。

"巴山背二歌"代表了巴渝地区的地方文化和生活风情，其以独特的音乐形式和歌词内容，表达了当地人民对家乡、自然环境和传统生活的热爱。在巴山背二歌中，每一句歌词、每一个音符都来源于劳动者的生活体验和情感表达。例如，"背起背篼上巴山，一走就要走半天。""山路弯弯绕青藤，背二哥的苦情深。"这些歌词描绘的是"背二哥"在崎岖的山路上艰难行进的场景，既表现了他们劳动的艰辛，又蕴含着巴山人民深厚的情感。再如，"巴山高，巴水长，巴山深处是我家"表达了巴山人民对家乡的深深眷恋；"太阳出来照山岩，妹出来把哥等待"则表达了男女之间淳朴的爱情。

除了对日常生活的描述，这些歌词中还包含着巴山人民对生活的感悟和历史的记忆。例如，"祖祖辈辈走山路，一代一代传歌声"，这句歌词缓缓道出了巴山背二歌的历史传承；"一唱雄鸡到天亮，先装太阳后装天"，这句歌词则代表的是巴山人民对新的一天的期待和对生活的热爱。

正是因为巴山人民有着对生活细致的体验以及丰富的情感表达，才能创作出如此真实且富有情感的巴山背二歌。听者通过歌词、曲调可以深入了解巴山人民的生活状态和情感世界，而这正是口头传承的魅力所在，它能够直接、生动、真实地反映一个民族、一个地区的生活和文化。

文字也是传统文化重要的传播方式之一。这里的文字包括历史文献、古籍、碑文、书法作品等，它们是宝贵的历史见证，也为后人展示了前人的智慧与才情。

以地方碑为例，地方碑记是极其宝贵的历史文献，能够填补方志和史书的空白。其所记载的当地历史事件、人物事迹和文化传承都是珍稀文物。地方碑不仅仅是作为记录来使用，还反映了当时社会的政治、经

济和文化状况。通过研究地方碑记，人们可以更全面地了解一个地区的历史和文化，深入挖掘那些被遗忘或忽略的历史细节。

节日民俗作为传统文化传播的重要载体，也是不容忽视的存在。民俗是指在特定社会和文化背景下形成并传承下来的习惯、风俗和传统行为，而这一行为通常与民族紧密相关。一方水土养一方人，不同的地域环境和民族文化孕育的传统习俗各不相同。在某些文化语境下，特定的习俗蕴含着许多象征意义，如传递人们对生活、自然以及社会的深刻理解和体悟。

第二节　数字文化的概念与特征

一、数字文化的概念

数字文化是指以数字技术为基础，以互联网为传播渠道，以数字内容为核心的文化形态。它涵盖了数字媒体、数字艺术、数字文化遗产、数字文化产业和数字文化传播等领域，包括数字音乐、数字电影、数字游戏、数字出版等。数字文化的发展不仅改变了人们的生活方式和价值观念，也对传统文化产生了深远的影响。它为人们提供了更多的文化产品和服务，为文化产业的发展带来了新的机遇和挑战。

二、数字文化的特征

数字文化具有普遍性、全球性、互动性、实时性和创新性等特征，这些特征相互交织、相互影响，塑造了数字文化的独特面貌，并深刻地影响着人们对信息、娱乐和社交的理解与参与方式。

普遍性在数字文化中的体现，不仅仅在于信息获取的平等性，更在于文化参与的全民性。在数字技术的浸润下，传统的文化壁垒被逐渐打破，信息的传递与交流成为每个人触手可及的事情。无论城市还是乡村，无论年龄、性别还是背景，数字文化的普遍性为每个人提供了展示自我、发出声音的机会。

在数字文化的舞台上，人们真正成了参与者、创造者和传播者。每一个点击、每一次分享、每一条评论都是人们对数字文化的贡献。人们通过互联网平台和应用软件，自由地表达观点、分享经验、创作内容，已然成为数字文化生态中不可或缺的一部分。这种普遍性的力量使得数字文化成为一个多元、开放和包容的领域。不同声音、不同观点在此碰撞，激发出前所未有的创意火花。这种特性让数字文化在不断发展壮大的过程中始终保持活力和创新。

除此之外，数字文化的全球性特征也十分突出。它预示着一个文化交流新时代的曙光，标志着一个真正意义上全球文化共同体的逐步构建。在此背景下，地域性传统文化的传播不再受限于原生环境，而是能够借助数字平台的力量，突破地理界限，实现向全球受众的直接展示。数字文化的全球性不仅体现在传播层面，更在深层次上促进了文化的交融与互动。在数字空间中，多元文化相互激荡、相互渗透，在深层次上推动了文化的创新与再生。

正如前文所述，三星堆与金沙遗址是中国四川盆地一个古老的文化遗址，拥有数千年的历史。然而，由于地理位置的限制，三星堆文化的传播曾受到一定的局限。但在数字文化的推动下，它正以前所未有的速度走向全球。通过数字媒体和社交平台，人们可以轻松地欣赏到三星堆文物的图片、了解其背后的历史文化背景，甚至参与线上展览和虚拟游览。这种数字化的传播方式突破了地域的限制，将三星堆文化推向了世界舞台。

在数字文化的众多特征中，互动性被视为核心要素之一。互动性是数字文化得以迅速发展的根本。在传统的文化形态中，信息的传递往

往是单向的、线性的，而在数字化时代，信息的流动变得更为复杂。通过互动，个体能够畅所欲言地表达见解、分享智慧、沟通情感，从而冲破信息传递的障碍。这种互动的关键在于促进了信息的多样性，为个体带来了新的思考维度，推动了文化交流的进步和发展。这也就意味着，在数字化时代，大众不再是被动的信息接收者，而是信息的创造者和传播者。这种角色的转变呼唤着个体对信息的批判性思考和理性判断，也代表着个人思想的交融与提升，更是推动社会文化发展的不竭动力。以某短视频平台为例，它为用户提供了参与式的传播体验，让用户成为内容创作者和传播者。用户可以通过创作与传统文化相关的短视频，展示个人对传统文化的理解和创新，观看者则可以反过来利用评论或者点赞的方式对创作者的作品给予相对应的回应。这样的互动模式促使年轻的一代更积极地参与传统文化的传承，为传统文化注入新的活力。

可以说，对互动性的深入研究，为我们提供了一个全新的视角来审视数字文化。在这个视角下，互动性不再仅仅是一个技术层面的特征，而是一种思维方式和生活方式。它启示人们，在数字文化的浪潮中不应被技术的表面现象所迷惑，而应深入挖掘其内在的价值和意义。

数字文化的实时性宛若疾风骤雨，冲破了时间与空间的束缚，将信息瞬间传遍全球。它赋予了数字文化一种独特的生命力，使其成为瞬息万变的潮流引领者。数字文化传播的实时性不仅仅让信息传递的速度产生了质的变化，更是对时代脉搏的精准把握。在数字技术的驱动下，信息、娱乐和社交的内容与形式能够快速地更新和演变，与时代潮流保持同步。无论是新闻的传播、热点的引爆还是趋势的引领，数字文化都能在第一时间捕捉并呈现给全球的观众，而这速度的力量在于它能够消弭距离和时间的隔阂。信息的传递不再受限于传统物理媒介的形式和时间，而是通过互联网平台和应用软件迅速传播至世界各地。无论是大洋彼岸的事件还是遥远国度的文化，都能在瞬间呈现于我们的眼前。这种即时性的体验让数字文化成了一种流动的、活生生的现象，与现实世界保持同步。

数字文化在创新的路上势如破竹。以数字技术为地基，新型的艺术表达形式和文化体验如雨后春笋般涌现，打破了传统艺术形式的边界。数字艺术、虚拟现实艺术以及元宇宙等新兴领域逐渐出现在大众的视野之中，虽然没有进行大力的推广，但这些新鲜技术的出现和体验无疑为文化界注入了新的活力。

基于以上五个特征，数字文化作为当今时代的主流文化形态，展现出无限的价值。当前，数字文化正以其深邃的内涵和无穷的创新力量，引领大众走进一个更加开放、多元和包容的文化时代。

第三节 从传统文化到数字文化的嬗变

在互联网技术的推动下，文化领域正在经历一场深刻的变革，传统文化形式在数字技术的冲击下逐渐转型，形成了独具特色的数字文化。这种文化转型不仅带来了新的表达方式和传播途径，还对人们的生活方式和价值观念产生了深远的影响。然而，这些转变也引发了一系列关于文化认同、信息真实性等方面的讨论。

一、网络文化的演变

网络文化的演进过程是数字技术与文化交汇的精彩历史，见证了信息传播方式的变革。网络文化的崛起，不仅是传统文化迈向数字领域的第一步，更是对传统美学和艺术表达形式的深度挖掘与再诠释。这一转变不仅预示着技术革新的力量，更彰显了人类文化不断创新与融合的伟大进程。

网络文化的雏形可以追溯到 20 世纪 80 年代末 90 年代初。当时，互

联网正处于初期阶段。早期的网络文化表现形式包括电子公告板系统（Bulletin Board System，BBS）、电子邮件列表、多使用者迷宫（Multi-User Dungeon，MUD）以及互联网论坛。通过 BBS 和电子邮件列表，用户得以在虚拟空间分享信息和观点。MUD 作为多用户在线游戏，为人们提供了虚拟社交体验。

21 世纪初，互联网还是一个相对局限的社区。在这个社区中，人们主要通过邮件列表、新闻组和早期的论坛进行交流。随着万维网（World Wide Web，WWW）的兴起，网络文化逐渐进入公众视野。通过浏览器访问各种网站，用户开始积极分享和交流信息。在这个阶段，网络文化开始呈现多元化的特点，各种在线社区和论坛如雨后春笋般涌现，涉及的主题和群体也越来越广泛。随后数字技术的迅猛崛起更成为推动网络文化爬升的关键动力，也是互联网呈现爆发式发展的重要推手。

进入 21 世纪，网络文化的发展迎来了一个高峰。博客、社交媒体、网络视频等新兴的网络文化形式相继出现。纵观网络文化的发展历程，其从边缘逐渐走向中心的演变过程一览无余。从早期的邮件列表和新闻组到现在的社交媒体和虚拟现实，网络文化已经成为现代社会的重要组成部分。

二、数字平台和互联网的融合发展

数字平台和互联网是紧密相连、互为支撑的两大技术体系。互联网作为信息传输的基础设施，为数字平台提供了连接性和数据流通性方面的有力支撑。数字平台则基于互联网技术，通过整合各种资源和服务，为用户提供个性化的数字体验。

（一）不同层面的互联网

作为数字平台基础的互联网可以被分为以下两种概念。

1.技术层面的互联网

互联网指传输控制协议 / 互联网协议（Transmission Control Protocol/ Internet Protocol, TCP/IP）被广泛应用后的互联网，也就是 1983 年后的互联网，它强调规范的、统一的、标准的技术框架下的互联网络结构，也是纯技术层面的互联网。[①]TCP/IP 协议作为互联网的基础框架，定义了设备接入互联网、寻址和传输数据等关键功能。这些协议确保了全球范围内的计算机和其他设备能够相互连接、交换数据和信息。

互联网的优点还体现在其分层的网络架构上。通过将复杂的网络功能划分为不同的层次，互联网每一层都能够专注于完成特定的任务，如数据链路层负责数据帧的封装和解封装，网络层则专注于路由选择和互联网协议数据包的传输。这种分层结构使得互联网能够高效地处理各种复杂的网络任务，以满足不断增长的网络需求。

2.思维层面的互联网

在更广泛的意义上，互联网反映了一种生活方式、思维方式，甚至意义的转变。它不再单纯地作为技术代指出现，而是关系到人的实践。[②]思维层面的互联网着重于传统产业与互联网的深度融合，以推动产业的智能化、网络化和数字化发展为主。在这种思维模式下，互联网超越了单一工具的角色，构建了一个充满无限机遇的全新生态系统，为各行各业的发展提供了广阔的空间和可能性。

（二）数字平台和互联网的发展历程

互联网经历了多个阶段的演进，从静态的 Web 1.0 时代到智能的 Web 4.0 时代，每个阶段都反映了技术和应用的不同焦点。与之相对应，数字平台也在不断发展。

Web 1.0 代表了互联网的早期发展阶段。这个时期的互联网主要由静

---

① 陈洁. BBS 与中国早期互联网技术文化研究：1991—2000[D]. 济南：山东大学，2023.

② 陈洁. BBS 与中国早期互联网技术文化研究：1991—2000[D]. 济南：山东大学，2023.

态网页组成，以超文本标记语言（Hypertext Mark Language, HTML）为主要技术基础。这个时期互联网的优势显著体现在信息的流通上，这使得网络新闻、在线搜索、邮件传输、电话服务、彩信彩铃、多样化客户端应用以及网页游戏等互联网服务得以广泛普及。但用户主要是信息的浏览者，无法在网页上创建和分享自己的内容。

Web 2.0 开启了一个全新的时代，注重用户的参与和互动。2006 年以来，Web2.0 技术凭借其无间断在线和泛在性的显著特点，已深度融入人们的日常生活，并持续演进。当前，"上网"这一表述已逐渐被淡化，公众已完全融入网络世界之中，社交关系也大量转移至互联网，人们在互联网中构建了全新的数字化社交网络。智能手机的广泛普及显著加速了物理世界向数字世界的映射过程，实现了更高程度的数字化。用户生成内容（User Generated Content, UGC）的概念成为主流，博客、维基百科等应用应运而生。不过在 Web2.0 的时代背景下，尽管用户能自由创作网络内容，但流量的主导权与利益的分配仍掌握在少数互联网巨头手中，个人隐私和安全问题也亟待解决。

Web 3.0 作为 Web 1.0 和 Web 2.0 融合发展的产物，构建的是一个全新的数字化生态体系。在这个体系中，用户能够真正掌控自己的数据所有权，并且所有交易活动均受到先进的加密技术严密保护，是一个更为开放、公平且安全的网络环境。因此，用户不需要再过分依赖品牌信誉，而是可以信赖经过严格验证的软件代码逻辑来确保协议的执行。由于区块链技术的普及，Web3.0 能够引领用户成为互联网的核心创作者与构建者，他们所创造的数据与资产将完全属于他们自身。与 Web2.0 相比，Web3.0 并非简单的升级，而是着重解决平台利益分配的核心问题，确保每个参与其中的个体都能分享到相应的红利。与此同时智能搜索、语义网、推荐系统等应用随之兴起，人工智能和机器学习开始渗透到互联网生态系统。

欧盟委员会于 2023 年 7 月 11 日发布了《Web4.0 和虚拟世界倡议》，认为互联网技术的演进正指向一个全新的里程碑——Web 4.0。相较于当前以开放性、去中心化和用户主权为特征的 Web 3.0，Web 4.0 将实现数字与实体对象、环境之间前所未有的集成，以及人类与机器间更高级别的交互。Web 4.0 将依托先进的人工智能、环境智能、物联网、可信区块链交易、虚拟世界及扩展现实技术，推动数字与物理世界的无缝融合，为用户创造直观、沉浸式的交互体验，从而实现物理世界与数字世界的无缝衔接与交互。

静态的 Web 1.0 时代到智能的 Web 4.0 时代的发展是一个不断创新和拓展边界的历程。这不仅仅是技术快速发展的过程，更是从以信息传递为主的阶段逐渐演变为以用户互动和参与为核心的数字平台时代的过程。

在计算机技术的初步发展阶段，对数据存储和处理的大量需求催生了数据库。以最初简单的数据存储功能为起点，数据库逐渐发展成为复杂的数据管理系统，为数据的高效存储、查询和管理奠定了基础。然而，对大数据的探索带来了前所未有的挑战。随着数据量的爆炸式增长，传统的关系型数据库已无法满足需求。随着更多资源投入大数据领域，大数据技术逐渐从能用转向好用。因此，大数据不仅仅成为企业决策的重要依据，更成为推动社会文化创新和转型的重要力量。数字平台的发展历程见证了人类对数据利用的深化过程，也揭示了数字文化形成的内在逻辑和驱动力。

巴蜀文化在数字平台上的传播可分为官方主导与民间自发两大类型。官方主导型，如博物馆、文化馆等，注重信息的权威性和专业性，通过严谨的内容策划与发布，确保历史文化信息的准确传达。民间自发型则更加灵活多样，充满创新性，它们由个人或小型团队运营，以独特的视角和表达方式，为巴蜀文化的传播注入新的活力。

现今，随着人们对高质量文化产品的需求不断增长，数字平台也需要紧跟时代的脚步不断创新，助力数字文化的发展；在数字平台逐渐完善的同时，数字文化也为数字平台吸引了更多的用户和资源。可以说，数字平台和数字文化相互促进，共同推动文化数字化迈上新台阶。

三、传统文化的数字化转型

互联网是 20 世纪人类的一大创造，它对人类的影响不亚于火药、蒸汽机和电的发明。它在很大程度上改变着人们的生活方式，如生产方式、思维方式、交际方式、消费方式等。从这一视角看，传统文化数字化已经成为必然。

从数字化内容传播的角度看，数字平台改变了文化传播的速度和范围。数字文化就像一条文化的高速公路，将各地的文化作品迅速、高效地传播至全球各个角落。这种广泛的传播不仅提升了文化内容的可见度，更促进了不同地域文化的深度交流。

当某些产品的审美价值超越了其实际功能，这些产品便能够被归入文化创意产业的范畴。熊猫作为中国的国宝，已经成为中国文化的代表之一，因此在数字创意领域中有很多以熊猫为主题的作品。例如，熊猫数字玩偶就是基于先进的人工智能而创造的。通过动作捕捉和表情模拟，熊猫数字玩偶能够与用户深入互动，让用户更好地观察它的动作和表情，从而真切地感受熊猫活泼可爱的性格。此外，还有一款以熊猫为主题的 VR 体验作品——熊猫乐园，其可以使用户近距离地观察熊猫在自然环境中的生活。有一些应用也可以让用户在自己的家中"养一只熊猫"。这些作品都是以熊猫为主题的数字创意作品，正是先进的数字技术将熊猫的形象、文化传递给了更广泛的人群。

总体而言，传统文化的数字转型不仅在技术层面带来了巨大变革，也深刻地改变了人们对文化的认知和参与方式，为人类社会的发展注入了源源不断的活力。

四、数字平台的传播效果

（一）传播效果的概念

传播效果的研究领域与实际的传播活动紧密相连。人类的传播行为始终承载着明确的目标，它不仅仅是个人、群体乃至国家达成其愿景的关键工具，更在促进人类文化的历史延续、协调社会系统各部分、保障社会沟通顺畅以及推动社会向前发展等方面发挥着至关重要的作用。鉴于这些重要性，人们自然对传播活动的实际效果及其优化策略给予了较高的关注。

在传播学的专业语境中，"传播效果"是指传播活动在受众和社会层面所产生的具体、可衡量的结果。

从受众层面分析，传播效果体现在传播活动对受众心理态度和行为模式的影响上。例如，在营销传播中，进行策略性的劝导和宣传是期望受众能够接受并采纳特定的观点或行动方案。此时，传播效果即传播活动在多大程度上实现了预期的意图和目标，即受众心理态度或行为的实际变化。

从社会层面考量，传播效果则涉及传播活动对整个社会及其成员所产生的广泛而深远的影响。这些影响可能涉及社会认知、价值观念、行为模式等多个方面，特别是报刊、广播、电视等大众传媒，它们作为信息传播的重要渠道，对社会的各个方面都产生着不可忽视的影响。这些影响共同构成了传播活动对社会的总体效果。

针对第一种含义，传播效果的核心概念在于传播者的主观意图与受众行为之间的关联。以教育场景为例，教师在教导学生时，通过劝导和感化的方式传达期望学生专注于学习的主观意图。此时，传播效果即衡量这一主观意图是否成功转化为学生的实际行动，即学生是否遵循了教师的教诲。

第二种含义则聚焦于传播活动的非意图性结果。具体而言，无论传播者是否具有明确的主观意图，其传播活动总是伴随着一系列的结果。以新闻报道为例，当媒体报道一件历史文物出土时，其初衷是向公众传递发现千年文明的消息，但实际结果可能包括公众对历史的猜测、质疑。同样，书籍中描述的传统文化故事，虽然其本意在于宣传文物背后的历史，但读者在接收信息时可能会产生不同的解读，进而引发一系列非预期的社会反应。这些非意图性结果是传播活动复杂性和多样性的重要体现。

（二）数字平台的传播效果

在数字时代，从受众层面来看，数字平台的传播效果主要体现在对受众心理态度和行为模式的精准影响上。通过大数据分析和个性化推荐算法，数字平台能够精准定位目标受众，并根据其兴趣、需求和行为习惯进行定制化的内容推送。这种策略性的劝导和宣传能够准确击中受众的需求点，在信息的不断轰炸、高效传播之下，受众更容易接受并采纳这类特定的观点或行动方案。因此，数字平台的传播效果使受众心理态度或行为产生的实际变化往往更为显著和直接。

从社会层面考量，各类官媒纷纷入驻数字平台，数字平台成了信息传播的主要渠道，不但改变了人们获取和分享信息的方式，而且对人们的社会认知、价值观念和行为模式产生也造成了巨大影响。通过数字平台，各种观点、信息和文化得以迅速传播和扩散，促进了社会的多元化，提升了社会的包容性。同时，数字平台为公众提供了参与社会讨论和表达意见的渠道，提升了社会的民主性和互动性。这些影响共同构成了数字平台对社会的总体效果，对推动社会进步和发展起到了重要作用。

然而，数字平台的传播效果也受到一些因素的制约。在传播学的研究中，传播效果的形成是一个多维度的复杂过程，受到多种因素和条件的综合影响。其中，传播者作为传播活动的主体，不仅掌握并运用着各类传播工具和手段，还是负责筛选、整理并传递信息内容的关键人物。

值得注意的是，即便信息内容相同，不同的传播者所引发的传播效果也可能大相径庭，这主要归因于传播者的可信性差异。

受众对传播者的信任主要基于两个维度：一是其个人品质，是否公平、正直、友善、客观等；二是其在特定领域内的权威性。当传播者展现出高尚的道德品质和专业的知识能力时，其传播的信息更容易获得受众的信任和认可，从而增强传播效果。因此，在传播实践中，特别是在信息量巨大的数字平台上，提升传播者的专业素养和道德品质对于提升传播信息的可信性、优化传播效果具有重要意义。这不仅需要传播者自身的努力，还需要相关机构和教育体系的支持和培养。

第四节　数字化传播的智能化趋势

我们身处一个前所未有的智能化时代，其浪潮席卷各行各业，数字化传播亦不例外。从高度个性化的内容推荐到日益精进的自然语言处理技术，再到 VR 与 AR 为人们打造的沉浸式体验，智能化正逐步改变着数字文化的面貌。

人工智能（Artificial Intelligence，AI）是技术不断发展进步的成果，其最早是由约翰·麦卡锡（John McCarthy）在 1956 年的达特茅斯会议上提出的。在人工智能的加持下，每个人都可以是文化产品的创作者。网络传播的发展模糊了文化产品生产者与消费者的边界，形成了产销者（Prosumer）的新主体与"全民创作"的景观。与之相对应，新媒体研究很早便提出了"用户"的概念，并以此替代大众传播语境下的"受众"。通过智能算法和机器学习技术，人工智能可以自动化地处理和分析大量的数据，从而为文化产品的创作提供更广泛的灵感来源。在人工智能的引领下，人们正步入一个全新的创作纪元。它不仅简化了创作的门槛，更为人们开辟了创新的空间。无论是艺术家还是普通人，只要有创意，都能借助人工智能将其转化为现实。这无疑释放了人类无限的创造力。然而，这种转变并不意味着人们可以完全依赖人工智能。艺术创作的本质在于人类的情感、思考和审美体验，这是任何技术都无法替代的。

当前，人工智能正在引领文化传播迈向智能化阶段，它在数字文化传播中所扮演的角色远超过其直接应用。很多时候，人工智能更像是一个幕后英雄，默默地发挥着自身强大的能力，助力数字文化的传播。

其中，智能算法是人工智能在文化传播中的一个重要应用领域。在媒体内容得到采集和生产后，基于人工智能算法的推荐系统可通过分析用户及其浏览的项目属性信息等数据，实现个性化的内容推荐和投放。例如，在音乐领域，智能算法可以根据用户的听歌记录、音乐风格偏好等信息，为用户推荐合适的音乐作品。

人工智能翻译是让全世界无障碍交流的重要工具。它巧妙地融合了机器学习和自然语言处理技术，能够将一种语言精准地转化为另一种语言，在全球范围内迅捷传递信息，从而不需要人工介入，人工智能翻译即可为用户呈现较为精准的译文，大大节省了用户的时间和成本。人工智能翻译成功打破了语言的无形障碍，让不同文化背景的人们能够自由交流。从此，文化隔阂不再是交流的绊脚石，人类智慧与技术的结晶共同书写着跨文化交流的新篇章。

中国本土网络文学在海外市场的扩张势头强劲，但翻译工作的庞大规模和人工翻译的高成本一直是一大挑战。中国社会科学院的研究员陈定家认为，网络文学的翻译应当遵循三大标准：准确性、流畅性、艺术性。他特别指出，网络文学的翻译应该尽可能准确地传达原文的意思，包括各种语义、文化和情感内涵；译者应该具有良好的语言表达能力，使译文在目标语言中能被自然流畅地阅读；还要注重传达原文所承载的文化信息，努力在目标语言中呈现原作的文化特色，使读者感受到原作的独特魅力。[①]虽然海外观众对中国元素并不陌生，但他们往往都是通过

---

① 刘江伟.网络文学主动作为"走出去"[N].光明日报，2023-10-04（8）.

文化符号的堆砌来了解"中国印象"。文学作品的翻译是依赖逐句翻译来推动更深层次的文化交流，这对译者提出了更高的挑战和要求。

第五节　数字化传播对文化的影响

一、社会层面的影响

（一）文化认同的多样性

数字化时代的到来大大促进了文化认同的多元化与动态构建。传统上，个体的文化认同深受其地理空间与社会环境的深刻烙印，农村居民的文化认同紧密围绕农耕文明及其物质象征，而城市居民则与现代城市景观及科技文明紧密相连，民族文化乃至国家文化也是如此。然而，数字化技术的发展改变了这一格局，赋予了个人前所未有的自由与灵活性，个人能够自主选择和塑造其文化认同。数字化传播交流机制有助于消除长期存在的误解与偏见。通过直接与不同地域、民族、国家的人进行互动交流，人们能获得更为全面且深入的全球视野，从而大大拓宽了认知的广度与深度。互联网的普及大大加速了信息流通的速度与广度，用户通过社交媒体、在线社群、视频流媒体平台等多元渠道，能够即时获取世界各地的风俗习惯、艺术表现、饮食文化等丰富多元的文化信息。这种跨越地理界限的文化交流大大丰富了文化认同的内涵，使其不再受限于地域或传统框架。

相较于过去受限于书籍、电视及有限旅行体验的文化认知模式，数字化平台提供了更为直观、深入且全面的文化交流途径。个体能够直接参与全球对话，共享生活体验、思想见解及价值观念，从而实现文化认知的深度拓展与视野的开阔。在此背景下，个体得以根据个人偏好，自由融合多元文化元素，如采纳异国服饰风尚、品味国际美食、学习异域艺术形式等，从而塑造出独具个性的文化认同。这种选择和塑造文化认同的自由度能够创造真正开放与包容的社会。

包容是文化交流的动力，数字传播为文化包容提供了温床。只有在包容的环境下，文化交流才能真正发挥其推动社会发展的作用。包容不仅仅意味着接纳不同文化的存在，更重要的是理解和尊重它们的价值和贡献。每种文化都有其独特的智慧和经验，都可以为其他文化提供新的视角和思考方式。文化交流可以通过数字传播，快速打破传统的思维模式，激发创造力和创新，为社会带来新的发展机遇。但在强调文化交流的平等性和包容性的同时，也不能忽视文化差异所带来的挑战。文化交流并不意味着要消除差异，而是要在相互尊重和理解的基础上，寻找共同点和互补之处。通过对话和沟通，更好地理解和应对文化差异带来的挑战，进而推动文化交流的深入发展，建立一个平等和包容的文化交流环境，创造一个更加多元和充满活力的世界。

数字传播交流促进了文化间的相互理解与尊重，有效缓解了地域与传统差异带来的偏见与隔阂。人们能够以更加开放的心态接纳并欣赏不同文化的独特魅力，从中汲取灵感与智慧，促进文化创新与多元共生格局的形成，推动人类文明社会的繁荣与进步。

（二）增强社会互动

数字化传播有助于增强社会互动。传统的文化传播方式往往是单向的，难以实现即时互动。数字化传播技术的发展使得人们可以更加方便地进行在线交流和互动，促进了信息的传播和共享。社交媒体的出现使得人们的社区意识和归属感达到了前所未有的高度，也为那些一度被忽视或边缘化的亚文化群体提供了展示自己的舞台。这些小众群体原本分散在世界各地，彼此的联系几乎为零，如今却因为数字化传播的力量在网络空间聚集在一起，形成了一股不可小觑的力量。随着亚文化群体的壮大，它们的影响力也逐渐渗透到社会的各个角落，为文化创新注入了新的活力。例如，2021 年第一届四川蜀绣精品在线公益艺术展以"蜀绣振'新'，绣娘针'心'"为主题，集结了 8 名安靖非遗匠人的精品绣作，包括花之形系列、鸟之诗系列、鱼之乐系列、人物系列、动物系列、风景系列以及文物系列共 42 幅绣品。这场在线公益艺术展是一个简单的展览，更是一次蜀绣灵魂的释放，一个向世界展示其独特魅力与深厚内涵的舞台。每一针、每一线都凝聚着绣娘的智慧与心血，每一幅作品都是对传统工艺的致敬与传承。通过这场展览，蜀绣的精湛技艺和丰富内涵以数字化的方式呈现在大众的面前，激发了全社会对传统工艺的好奇与关注。

（三）数字信息负面影响

新的传播环境势必带来全新的社会形态，数字化传播带来最大的影响便是人们会通过碎片化信息进行快餐式的知识汲取，互联网让人们的生活更加"碎片化"。网络的超链接结构打破了传统线性叙事的逻辑，使得信息以碎片化、去中心化的方式传播。这在一定程度上削弱了人们对信息深度和广度的把控能力。同时根据数字传播的特性，任何人都可以成为互联网的发言人。渐渐地，群众关注公众话题的方式改变了。以社交网站来说，许多人不再依靠媒体、学者、官员等来关注社会话题，而是依靠社交网络中的陌生人。在这种缺乏权威的网络环境下，网络言论的可信度有所降低。一些不良信息和价值观也可能对年轻人的价值观产生负面影响。

由此可见，数字化传播作为一种新型的媒介形式，其对社会文化的影响是多方面的。因此，以科学合理的手段对数字化传播进行管理，确保其能够更好地服务社会文化的发展十分必要。

二、经济层面的影响

（一）产业转型升级

数字化传播为文化产业带来了新的发展动力和模式。例如，数字文化产业依托数字技术、数字设备和互联网平台，实现了文化创意的创作、生产、传播和服务的高效便利、创新融合和新颖互动。虚拟现实、增强现实等新技术的应用为文化产品提供了更加丰富、生动的呈现方式。在电影产业中，数字化传播和虚拟现实等新技术的应用为观众带来了全新的观影体验。这种新颖的观影模式使观众能通过沉浸式的体验感受文化，对观众有较大吸引力。这不仅提升了电影的观赏价值，还为文化传播开辟了新的市场和商业模式。在游戏产业中，增强现实技术的应用也带来了革命性的变化。通过将虚拟世界与现实环境相结合，增强现实游戏为用户提供了更具互动性和趣味性的游戏体验，让玩家能够在现实世界中捕捉虚拟呈现在周围的游戏角色。这一操作为游戏开发商带来了可观的收益。

文化产业转型，如广播电视集成播控、数字内容、动漫游戏、视频直播等基于互联网和移动互联网的新兴文化业态发展强劲，也成为文化业发展的新动能和新增长点。近年来，中国动漫与中华优秀传统文化领域呈现出显著的增长趋势，成为备受瞩目的文化现象。自2015年起，一系列基于中国优秀传统文学改编的国产动漫作品，如《西游记之大圣归来》《大鱼海棠》《白蛇：缘起》《哪吒之魔童降世》《姜子牙》等，通过现代视角和手法对中华优秀传统文化进行创新性改编，成功打造出兼具传统韵味与现代感的中国风动漫知识产权（Intellectual Property, IP），充分展现了中华优秀传统文化的魅力，为文化产业转型带来了新机遇。

（二）经济模式创新

数字化传播打破了传统经济模式的界限，即生产的产品类型、生产方式以及目标市场这三个方面，特别是在数字文化产业领域，生产者与消费者之间的角色界限逐渐模糊，用户不再只是文化产品和服务的接受者，逐渐成为积极的参与者。具体而言，用户能够通过博客、短视频平台等数字化渠道，分享并传播自己的创意和作品，从而成为实质的文化生产者。例如，摄影爱好者可以通过在博客上发布自己的摄影作品，获得广泛的关注和认可，甚至通过销售照片或开设摄影教学课程获得经济收益。

这种新业态不仅大大加速了文化资源和信息的流通，还吸引了更多的主体加入文化产业，推动了文化产业的创新与发展。这种变革为文化产业注入了新的活力，使其市场潜力得到了充分发挥，从而推动了整个文化经济的发展。

（三）市场扩大与消费模式变化

随着数字化传播的发展，相关消费市场逐步扩大。数字化传播打破了时空限制，文化产品和服务能够覆盖更广泛的地域和受众。在过去，公众对于地域文化的了解与体验往往需要实地探访，想要购买当地文化创意商品也需亲临现场。如今，随着数字化传播技术的发展，以数字博物馆为代表的多类数字平台利用先进技术有效缩短了地域间的文化距离，即使是中国地域辽阔，最远的两个城市间也能实现地域文化的即时交流与互动。

过去传统的地方影视作品因受限于院线放映资源缺乏，其文化内涵难以广泛传播。如今，随着网络媒体的繁荣和数字平台的崛起，自媒体已成为文化传播的新力量，各类文化相关的作品得以通过数字渠道迅速传播至更广泛的受众群体，从而让更多人有机会领略到不同地域文化的魅力。数字化传播也改变了消费者的消费模式。消费者可以更加便捷地

获取和选择文化产品和服务，享受个性化的文化体验。

数字化传播对文化经济与文化产业的影响是全面而深远的。随着科学技术的不断发展，这种影响还将持续扩大和深化。对于文化产业来说，把握数字化传播的机遇、积极应对挑战是实现可持续发展的关键。

第三章　传承：巴蜀文化的数字化留存与保护

第一节　数字文化留存与保护的技术与方法

一、数字技术

数字技术并非仅将纸质或实体形态的文化资产转化为数字形式，也并非仅对一段歌曲或舞蹈进行录像，而是构建联系传统与现代的桥梁。借助数字技术，人们能够将传统的有形文化，如古籍、文物、照片、音乐、民俗等，转变为数字媒体形式，从而使其能够更广泛、更便捷地被保存和传播。

这一操作看似容易实现，只需对文化遗产进行高分辨率数字扫描即可，但有些文物经过岁月的洗礼，早已破败不堪，直接接触扫描会对其造成二次损害；部分不可移动文物，如壁画、浮雕等也无法搬运至扫描仪前进行操作；一些纸质文献，如古代经卷、古羊皮书等不宜长时间暴露在空气中，它们对湿度和空气质量非常敏感。所以，对文化遗产进行数字化保护并没有想象中的那么容易。

景泰蓝是中国非物质文化遗产的杰出代表之一。其主要制作材料包括紫铜胎和各类天然矿石。其主要特点是采用铜制胎，在表面涂以一层蓝色的釉料，然后通过细致的描绘和镶嵌工艺，加入金属线或彩色釉料，形成丰富多彩的图案纹样和清丽而庄重的色彩。景泰蓝的设计通常取材于传统的文学、历史、宗教或自然主题，如花鸟、山水、人物等，寓意深远，富有文化内涵。作为这样一件精致的手工艺品，其数字化扫描的过程必然会遇到种种困难。3D 扫描设备难以准确捕捉景泰蓝的每一个细节，尤其是金属线和绘制的图案，可能出现失真或遗漏的情况。因此，要想完整地还原景泰蓝的复杂纹理和细致工艺，相关人员需要选用高分辨率和精密度的扫描设备，并结合专业的数据处理技术，以应对其表面细节和复杂性，提高 3D 扫描的精度。面对如此复杂的扫描工程，三维激光测量技术依旧坚挺。该设备具备精准的扫描能力，可获取复杂物体表面微观细节并提供全面的三维数据，将景泰蓝的全彩三维数据实现一比一的实物还原。

继激光测量技术后，结构光投影、光学扫描、激光雷达等技术相继出现，并在文化保护中都得到了广泛的应用，但具体使用哪一种技术取决于具体的应用场景和需求。

传统戏剧等珍贵文化的数字化保护亦不容忽视。与文字或文物的数字化保护相比，戏剧的数字化保护涉及音频、视频等多媒体形式，因此需要更为复杂的技术手段来全面记录和呈现其各个方面。需要注意的是，剧目类文化的发展前景依赖其深厚的文化内涵和给人们带来的沉浸式体验。因此，戏剧的数字化保护并非仅限于将表演的录像数字化上传保存，而是在媒体数据的支持下，通过更具创意的手段为公众开辟更为广泛的艺术空间。例如，传统戏剧类非物质文化遗产（以下简称"非遗"）利用 AR、VR 等数字技术，可为受众提供更为真实的体验场景，提升受众观看传统戏剧类非遗演出的体验感。由上海戏剧学院张敬平教授与戴炜老师领导的团队成功完成的沉浸式戏曲作品《黛玉葬花》就是戏剧与数字技术融合的成果。

《黛玉葬花》围绕"情之起源""宝黛初识"等八个故事情节，设计制作了"三生石畔""荣国府"等舞台表演三维场景模型，并以 VR 为手段，精妙地将虚构的越剧表演与实际舞台布景相结合，通过现实加虚拟的方式，为观众带来全新的观演体验，实现了理想的效果。参与这场戏剧的人需要佩戴特制的眼镜步入展厅，接着便可以跟随指引开始"看戏"。当看戏人靠近一个桃花遍野的园林装置时，顷刻之间便有无数桃花飘落，如梦似幻。接着，黛玉拎着花篮款款而来，踱步在桃花满地的舞台上。此时的戏剧舞台已经超脱于现实世界，为观众带来了前所未有的身临其境的互动体验。在这一过程中，观众不再是被动的旁观者，而是成为戏剧舞台上的探险者和创作者，积极参与剧情发展，深入理解角色情感。这种互动体验不仅强化了观众的参与感和沉浸感，还为其提供了一种独特的戏剧享受。数字化剧场的核心理念在于通过数字技术的创新，为观众构建一个充满互动和探索精神的崭新的戏剧世界。这种数字化创新也为戏剧的传承和创新创造了条件。

二、数据库管理系统

先进的数字化档案管理软件系统是实现"细化分类、简化检索"的核心条件。[1]作为数字化档案管理的技术支持，数据库管理系统（Database Management System，DBMS）对数据存储、检索和管理起到了决定性的作用。

DBMS 的首要任务是为用户提供结构化的数据存储和组织方式。通过在数据库中创建表格，用户可以定义字段和关系，为数据赋予清晰的

---

① 张倩. 构筑数字化档案平台 提升智能化管理水平：建设高校档案文件级目录 DBMS 的实践与思考 [J]. 档案与建设，2005（2）：36–39.

结构。这种表格形式的存储使得每个数据元素都有其明确定义的位置，从而减少甚至消除了混淆和丢失的情况。同时，强大的查询语言实现了快速检索和查询的功能，简化了查阅文件的过程。这种高效的检索机制使得用户能够快速定位数字档案中的特定信息。

在当今社会中，人们对于信息技术最大的担忧是隐私数据泄露，越来越多的相关产品的广告也主推保护用户隐私，所以在处理档案内的信息时，妥善保护敏感信息成为重要的步骤。DBMS 拥有精密的权限控制机制，可以限制用户或用户组对数字档案的访问权限。这种机制确保了只有授权人员能够查看或修改特定档案。针对数据损坏和备份问题，DBMS 具备的备份和恢复功能是最好的解决方案。DBMS 配有定期备份数据库，这意味着即使在发生意外数据丢失或损坏的情况下，其仍可以迅速进行数据恢复，最大限度地保证用户信息的安全。

除了隐私泄露的问题，文化信息在录入时也可能发生被篡改的风险，这严重威胁其完整性和可信度。DBMS 的版本控制功能成为信息的一道"防火墙"，它允许系统追踪文档的修改历史。当有人对文化信息进行编辑或修改时，版本控制系统会生成一个新的版本，并记录修改的时间、内容以及编辑者信息。举例来说，假设一个数字档案管理系统用于保存博物馆藏品信息的情景，如果有人试图篡改某个文档，版本控制系统将记录下修改的痕迹，包括修改的具体内容和修改者的身份。这样，博物馆管理者就可以轻松追溯文档的原始状态，确保文化信息的完整性。

DBMS 在数字档案管理中类似于整个系统的管理者和存储引擎，如果将数字档案比作一个巨大的数据库，DBMS 就是控制着这个数据库的中央枢纽，管理着数据的存储、检索和维护。作为数字档案馆运行的重要支撑，元数据标准是为数字档案馆的长久保存、凭证性维护和检索利用等工作提供可供依据的规则和指南。元数据（Metadata）指长久的、在领域内或领域间支持文件的形成、注册、分类、利用、长久保存和处置的结构或半结构的信息。元数据标准是说明元数据元素之间关系的逻辑方案，通常建立元数据的语义（使用和管理规则）、语法和值的完备性等。元数据标准的核心职能在于推动数字档案馆系统之间元数据的高效互操作，而元数据的互操作性涉及在不同机构和异构信息系统之间以无缝、可持续的方式交流和共享元数据。在实现互操作的过程中，相关人员必须明确选择何种标准和语言，以及如何解释元数据等一系列关键问题。只有解决这些问题，不同系统之间才能够顺畅地理解和交换元数据。元数据标准扮演着规范性文档的角色，其中涵盖元数据值的定义方式、分类词表、控制词汇等内容，旨在确保交换的元数据具备高质量和一致性的理解，为数字档案馆系统的有效运作提供必要的基础。具体而言，通过明确定义元数据值的语义和分类词表，不同数字档案馆系统可以有效实现元数据的共享和应用，从而提高整体运作效率。

数字档案看似只是将实物数字化了，但其中少不了 DBMS 和元数据的协同工作。DBMS 为用户提供了一个结构化的存储和查询环境，元数据则为用户提供了关于数据的关键信息，增强了数据的可理解性和整体管理效能。两者共同构成了强大的数字档案管理系统。

三、区块链

数字文化使得人们能够以前所未有的方式创造、分享和保存文化作品。从数字图书馆到在线音乐平台，从虚拟艺术展览到数字化的历史档案，数字文化正在以多样化的形式走入人们的生活。然而，数字文化也面临一系列挑战。例如，对数字文化作品侵权盗版的行为不仅导致原创作品的知识产权遭受侵害，文化作品的创作者和版权所有者无法获得应有的经济回报，还因其中多伴随恶意代码而给用户的下载带来安全隐患。

数字文化版权保护是对数字文化作品保护的重要手段，对数字文化作品的健康发展发挥着举足轻重的作用。①在当前技术环境中，主流数字文化版权保护技术主要涉及数字水印和加密两大方向。然而，这些技术在数据安全、物品交易和版权确认等方面存在潜在的安全隐患。区块链的问世给出了这些问题的答案。

区块链是一种块链式存储、不可篡改、安全可信的去中心化分布式账本，它结合了分布式存储、点对点传输、共识机制、密码学等技术，通过不断增长的数据块链（Blocks）记录交易和信息，确保数据的安全和透明性。正是由于这种不可篡改性和透明性，区块链为版权信息提供了坚实的基础。创作者的创作、编辑、发布等都可以被记录在不可篡改的区块链上，从而杜绝了信息被篡改的可能性，确保了版权信息的真实性和透明性。

在区块链上建立创作者的数字身份，可以确保其身份的绝对真实性和可信性。这一举措能最大限度地协助消费者确认数字作品的合法性，也为创作者提供了强有力的保护机制，可以帮助创作者有力地应对侵权和盗版问题。可以说，区块链在数字版权保护领域的贡献不仅体现在为市场参与者提供更高水平的信任度，也为数字版权生态系统的可持续发展提供了条件。

第二节　巴蜀文化中的数字藏品

数字文化遗产的数字化留存乃至其综合管理与传承标志着中华优秀传统文化保护与现代科技融合的崭新阶段。近年来，在学术研究领域与文化艺术界，数字藏品行业展现出显著的学术价值与市场潜力。数字藏品作为一种基于区块链技术的虚拟文化商品，涵盖了多样化的数字内容

---

①周小韵.区块链背景下数字文化版权保护体系构建路径[J].艺术科技,2019,32(13):1-3.

形式，如数字图像、音频文件、视频素材以及 3D 模型等。这些数字藏品通常以现实中的经典作品为原型进行深度开发与设计，每一份数字藏品均拥有其独特的数字标识符，确保了其不可复制、不可篡改以及永久存证的特性。

目前，融合了非遗等中华优秀传统文化元素的数字藏品正逐渐崭露头角，并受到藏家的热烈追捧。众多知名博物馆，如中国国家博物馆、湖北省博物馆、湖南博物院以及河南博物院等，均积极推出其馆藏珍品的数字藏品版本。博物馆中的文物不再只是历史的见证者，通过数字藏品的推广，它们已成为当代人追捧的潮流元素和社交话题，其市场也逐渐展现出巨大的潜力。

作为一种新兴的文化资产形态，数字藏品以其独特的方式，显著缩短了公众与文化文物之间的距离，为文化遗产的保护与传播开辟了新的途径。与实物文创产品相比，数字藏品不但价格亲民、降低了收藏门槛，而且收藏过程更加便捷高效，为广大文物爱好者和收藏家提供了便捷的参与方式。这些优势使得数字藏品在市场中获得了广泛的认可与追捧，成为文化产业创新发展的重要力量。

目前，四川省内已有多家专注于巴蜀文化的数字典藏平台上线，如"灵兽宇宙"等。这些平台为文化机构、艺术家及广大文化爱好者提供了发布、收藏、展示、研究和体验数字藏品的多元化服务。从"世界自然文化遗产系列"到"武侯祠诸葛亮系列"，再到"非遗蜀绣"和"非遗唐卡"等，这些数字藏品均基于巴蜀文化的非遗技艺或核心文化元素进行精心创作和发行，在展现巴蜀文化独特魅力和深厚底蕴的同时，为数字化时代下文化遗产的保护与创新传承提供了有力支撑。在区块链技术的助力下，在这类平台上，数字藏品不仅仅是文化的载体，更是创作者权益的保障。一旦数字藏品在公链上进行交易，作品的原创者就会享有二次分成的权益，这能够为巴蜀文化的创作者提供长期稳定的收入保障，

是不断推动巴蜀文化作品创作的根本动力。同时，数字藏品通过区块链的加密制作，确保了数字藏品的真实性和唯一性，有效保护了创作者的权益。

第三节　巴蜀文化的数字色彩管理

一、数字色彩管理的定义

数字色彩体系是一种建立在数字技术基础上的色彩体系，它与传统的色彩体系不同，数字色彩体系可以用数字方式表达颜色，并使用数字方式调整颜色参数。[①]色彩管理的出现是由于打样机与印刷机各自所具有的色域存在着差异性特征，所以在实际色彩管理过程中需要考虑到不同色域之间的区别。[②]故色彩管理的核心目的在于精确调和各种差异，进而推动色彩协调性的显著提升。

在文化保护领域中，数字色彩管理的应用对于保持文物原始色彩和视觉特征的精确再现具有重要意义。通过精确的色彩管理，数字化复制品能够尽可能还原文物的原始色彩和细节。因此，可以说数字色彩管理在文化保护领域中的应用是实现文化遗产数字化保护、传承和展示的重要手段之一。

二、数字色彩管理在文化保护中的运用

文物之所以珍贵，是因为它的不可再生性，被发掘之后，人们只能

---

① 田筱源.数字色彩体系在《色彩构成》教学中的教学策略研究[J].色彩，2023（9）：132-134.
② 汤艺美，卢志扬，陈港能.浅析数字打样中的印刷色彩管理[J].丝网印刷，2021（10）：62-65.

最大限度地将其保存下去。博物馆最为核心的资源就是文物。构建数字博物馆的第一步便是对这些珍贵的文物进行数字化处理。所谓的文物数字化处理，实质上是通过先进的数字技术手段，精准地捕捉并记录文物所蕴含的各种信息。为实现这一目标，相关从业人员常常采用高精度的扫描仪或数码相机等工具，来捕获文物的各项数据，这些数据主要包括文本资料、高清图像以及视频记录等。

色彩作为一个至关重要的外观特征，在文物数字化的过程中，其准确性至关重要。然而，由于技术限制或环境因素的影响，相关从业人员在采集过程中得到的文物图像颜色可能与文物本身的真实色彩存在一定的偏差。因此，为了确保这些数字文物的真实性和准确性，对采集到的文物图像进行色彩校正已成为一个不可或缺的环节。

例如，我国的敦煌壁画是世界文化遗产的重要组成部分，这些壁画主要分布在敦煌莫高窟、西千佛洞、安西榆林窟等 522 座石窟中，总面积超过 5 万平方米。规模宏大、技艺精湛的敦煌壁画向世人展示了从十六国至明清等多个朝代的佛教信仰、社会生活及艺术成就。然而，随着时间的流逝，壁画所使用的矿物和植物颜料不可避免地出现了老化、褪色甚至脱落的现象，特别是敦煌地区独特的气候环境，如干燥、风沙大等，加剧了壁画颜料的剥落和损坏。游客参观带来的微小环境变化、二氧化碳浓度的增加也进一步加速了壁画的老化过程。至此，颜料退化、色彩失真等严峻挑战已成为敦煌壁画修复的一个重大考验。

近年来，敦煌研究院携手多学科专家团队，通过高清扫描仪和光谱分析仪等先进设备，对壁画进行了非接触式的色彩数据采集。专家将采集到的色彩数据输入专业的色彩管理软件中进行深入分析。这些软件能够模拟出壁画在不同历史时期和光照条件下的色彩效果，为专家修复提供了直观、准确的色彩参考。基于这些数据，修复团队制定了科学合理的修复方案，精心选择了与原始颜料相匹配的修复材料，并设计了精细的修复工艺。

完成修复工作后，数字色彩管理技术还具备实时评估与优化修复效果的功能。通过对修复前后的色彩数据进行对比分析，数字色彩管理技术可以及时发现并纠正修复过程中的偏差，确保修复工作的高质量完成；该技术还促进了敦煌壁画数字化保护的发展，并能够通过数字化平台向全球学者和公众展示敦煌壁画，从而大大提升了其文化传播与教育价值；同时，数字色彩管理技术所采用的备份与复制方式无疑为敦煌壁画的长期保存与传承提供了可能。

第四节　巴蜀文化的增强现实技术

增强现实（AR）是一种借助光电显示技术、交互技术、多种传感器技术和计算机图形与多媒体技术将计算机生成的虚拟环境与用户周围的现实环境融为一体，并通过特殊的设备让用户从感官效果上确信虚拟环境是其周围真实环境的组成部分的技术。用户可以通过穿戴式设备、移动手持显示设备或空间增强设备，体验虚实融合的效果，获得视觉、听觉、触觉等多种感官体验。

AR 广泛运用了多媒体、三维建模、实时跟踪及注册、智能交互、传感等技术手段，将计算机生成的文字、图像、三维模型等虚拟信息模拟仿真后，应用到真实世界中，两种信息互为补充，从而实现对真实世界的"增强"。AR 的操作步骤如下：第一，通过摄像头和传感器捕捉真实世界的数据，并将其传输到计算机中进行处理；第二，通过特定的算法对这些数据进行分析和重构，生成模拟的虚拟信息，如文字、图像、三维模型等；第三，将生成的虚拟信息与真实世界进行混合叠加，创造出新的虚拟图像。

AR 在巴蜀文化数字化的保护中也有着广泛的运用。

一、文化遗产展示中的应用

"巴蜀工坊——传统工艺与现代设计创新成果展"于 2019 年 6 月 4 日于成都启幕。此次活动汇集了近百件四川非物质文化遗产代表性传统手工技艺类精品以及两百余件精品文创产品，并辅以多场技艺演示和互动体验。展品中不乏像银花丝、漆器、蜀锦、蜀绣这种传统工艺的精品，它们多出自国家级、省级非遗传承人之手，展现了工匠的精湛技艺。

此次展览采用了裸眼 AR 技术，为观众带来了全新的观展体验。观众只需扫描明信片上的二维码，下载并启动 App，再通过 App 扫描展区内的非遗展品，即可观看相关的非遗介绍。展览技术团队的负责人何崇瑀在采访中表示，普通明信片在 AR 技术的加持下焕发出新的生机，AR 技术帮助展览团队摆脱了以往布展过程中因需要加入过多注解文字而破坏了美感的尴尬。观众只需在 App 中选择特定功能，扫描明信片，就能欣赏到关于四川非遗的精美视频。他认为这种创新方式不仅让明信片变得更加有趣，更推动了非遗文化与现代科技的深度融合，为非遗文化的传承与推广探索了新的道路。

二、趣味导航体验的应用

AR 能够将地图导航与实时街景相融合，通过箭头、指针等图形元素以及直接叠加在场景上的文本提示，使用户可以更加便捷、精准地找到目的地。2024 年春节期间，在崇州这一成都的热门旅游地，AR 导航系统迎来了创新，推出了一系列融合创新与人文魅力的新春旅游产品与 AR 体验，让游客在游乐的同时能了解崇州的"古往今来"。在崇州竹艺公园内，只要游客拿起手机，利用 AR 技术探寻公园内的建筑与景观，就能发现一只高十余米的熊猫，身着诸葛亮的服饰，以景区大门为琴台，演奏出《竹里》的旋律，仿佛为游客们演奏着对崇州的赞歌；在充满科技感的双子建筑旁，一艘宇宙飞船缓缓升起，仿佛邀请人们一同探索未知的宇宙奥秘。百竹科普园、竹文化馆、登云小火车、无根山栈道等核心景点也纷纷搭建了与其景观相匹配的 AR 奇观。

三、现实与游戏的融合应用

当 AR 巧妙地将娱乐元素融入旅游景点的实体环境中时，便可以加强游客与景点、文物的互动，提升旅行的乐趣和沉浸感，进一步促进用户之间的分享，扩大文旅应用的影响力和传播范围。

在崇州的新春 AR 剧本游系列活动中，游客不仅能免费欣赏精彩的实景演绎，还能与数字 NPC 互动、参与任务挑战，并凭借获得的虚拟奖励兑换实物奖品。这是专为各类旅游景区、博物馆、商业街区打造的智慧旅游体验服务，旨在通过生动的故事和有趣的游戏，串联起崇州全域的文旅资源，为游客带来前所未有的沉浸式体验。

与传统的以 VR 复原古街的活动相比，崇州的新春 AR 剧本游系列活动更加注重"实景互动"的体验。它巧妙地运用了各种先进技术，让游客根据引导，在真实的场景中寻找与建筑、古植等相关的元素，进而触发剧情的发展。例如，在探寻味江起源的旅程中，游客不仅需要了解"蜀王投浆"的古老传说，还需亲自找到瑞龙桥这座具有历史意义的建筑，并利用手机扫描桥上的廊画，才能解锁下一关的挑战。这种全新的体验方式能够让游客更加深入地感受到崇州文化的独特魅力和深厚底蕴。

四、城市旅行的历史再现

对于日新月异、不断变迁的城市，AR 为游客带来了独特的视角，可以改变或增强用户眼中的城市环境，展现出特定区域过去的面貌，并为游客提供相关的历史事件和背景信息。

在成都，只需简单的扫码操作，游客就能通过手机深入探索金沙遗址、武侯祠、杜甫草堂等上千处历史文化地标的丰富内涵。在由成都市文物信息中心建设的成都历史文化地标展示系统中，成都的著名地标按照成都的发展脉络，被精心分为古蜀文明、三国文化、诗歌文化、音乐文化以及近世风云等多个体系。除了传统的文字、图片和音频介绍，该系统还创新地融入了微视频、动漫游戏、连环画、三维文物展示以及虚拟全景等多种展示形式，使这些文化地标及其背后的故事更加生动有趣。例如，通过关于地处成都人民公园的辛亥秋保路死事纪念碑的短视频，游客能够直观地感受到当年保路运动的波澜壮阔。

第五节 巴蜀文化的数据集成

一、数据集成的概念

数据集成是采用宽带网络技术和多媒体数据库对数字内容进行综合管理，并通过互联网平台对公众提供信息检索服务，同时对资源进行整合。① 在企业与组织的信息化转型中，数据集成在提高决策效率和优化运营流程方面扮演着无可替代的重要角色。此项技术在文化保护中多用于数字博物馆的建立。

数据集成的过程涵盖了几个核心环节，这些环节共同确保了数据的顺畅流动和有效利用。首先是数据抽取，它涉及从多元化的数据源中选取和收集必要的数据，以保证数据的基础质量和完整性。其次要进行数据转换，旨在根据业务的具体需求和数据标准，对数据进行适当的处理和调整。最后将经过转换的数据通过相关流程加载至目标数据库或数据仓库，建立规范化的数据存储体系，为后续的数据分析、决策支持等提

---

① 代丽娟. 台湾地区传统文化的数字化技术传承 [D]. 武汉：中南民族大学，2017.

供坚实的数据基础。

在数据集成的关键阶段，企业必须给予数据品质与元数据管理专业且严格的关注，确保所收集的数字信息的精确度和全面性。为实现这一目标，企业应实施一套系统化的数据处理流程，包括数据净化、精确核对和严格验证等，以精准识别并处理数据中的缺失项、异常值及重复条目等问题。

二、数字博物馆的概念

数字博物馆是利用信息技术将传统的实体博物馆的功能以数字化的形式表现，并在互联网上实现文物的资源共享。[①]其核心技术涉及数字化摄影、三维重建、虚拟现实及网络技术等，旨在将实体博物馆的藏品、展览以及深厚的历史文化知识进行数字编码，进而在互联网平台上实现资源的广泛共享与高效展示。数字博物馆的架构主要由三大部分构成：第一，实体博物馆展厅的现场数字化展示系统，负责将实体展品与展览转化为数字形式；第二，基于数字技术的博物馆业务管理系统，确保博物馆数据运营的高效与精准；第三，网络平台展示系统，为用户提供便捷的在线访问和交互体验。这些系统共同构建了一个完整的数字博物馆体系，使得数字博物馆与实体博物馆互为补充、相互促进。

三、数据集成技术在成都数字博物馆中的应用

成都作为我国首批历史文化名城，其文博资源丰富且独特，包括金沙遗址博物馆、武侯祠博物馆、杜甫草堂博物馆等国有博物馆，它们分别集中展现了古蜀文化、三国文化、诗歌文化的深厚内涵。除了家喻户晓的国有博物馆，成都还拥有一批别具一格的非国有博物馆，如建川博物馆（全称为成都市建川博物馆聚落）、华希昆虫博物馆等，其也拥有

---

① 廖艳. 成都数字博物馆建设的回顾与思考[J]. 产业创新研究，2022（17）：80-82.

着类型多样的藏品。截至 2023 年 6 月，成都的博物馆数量已高达 186 家，位居全国前列。[①]

但与其他地区相比，成都的数字博物馆建设时间相对落后。直至2006 年，金沙遗址博物馆、杜甫草堂博物馆、武侯祠博物馆和永陵博物馆才开始启动数字博物馆一期建设，主要包括藏品管理信息系统、不可移动文物管理信息系统、各博物馆之间广域网络搭建、文物的文字图像数据库、虚拟文物数据库和精品文物影视数据库建设、数字化博物馆展示平台建设和展示手段及技术研究，等等。[②]数据集成技术在数字博物馆数据库建设中的重要应用是数据采集与整合。数据集成技术可以将博物馆内部的藏品信息、数字资产、观众数据等进行全面收集，并对这些数据进行清洗、转换和整合，消除数据冗余和错误，形成高质量的数字化数据资源。在数据采集与整合的基础上，数字博物馆数据库的设计与构建也能够由数据集成技术完成。通过建立统一的数据模型和数据库结构，数据集成技术能够将整合后的数据按照一定的规则和分类进行存储和管理，形成完整的数字博物馆数据库系统。在此过程中，数据集成技术同样适用于文物的数字保护和修复工作。通过对文物进行数字化扫描和建模，数据集成技术可以获取文物的三维模型和纹理信息，从而为文物的数字化保护和修复提供丰富的数据支持。此外，这些集成的数字数据还能模拟文物的自然老化过程，数据集成技术能够通过算法预测文物的保存状态，从而为文物的长期保存与维护提供科学的决策依据。

---

① 成都日报.上半年1300万人走进成都各大博物馆[EB/OL].(2023-08-22)[2024-02-01]. https://cdwglj.chengdu.gov.cn/cdwglj/c133185/2023-08/22/content_f8ef30effcd4404a8dd8dd5f0e254d3d.shtml.

② 廖艳.成都数字博物馆建设的回顾与思考[J].产业创新研究，2022（17）：80-82.

第四章 传播：巴蜀文化的数字化传播现状

第一节 巴蜀文化的跨媒介传播现状

一、媒介理论

媒介作为传播学的核心概念，其定义具有多维性，适用于不同学术领域的研究。具体而言，媒介既涵盖语言文字、电话、电脑、报纸、书籍、电视等信息传递的载体、渠道、中介物或技术手段，又包括报社、出版社、电台、电视台等专门从事信息采集、加工和传播的社会组织或传媒机构。这两种含义虽各有侧重，但均指向媒介在社会信息系统中的核心地位与关键作用，是传播学研究中不可或缺的重要元素。

人类需要借助各种媒介开展传播和社会活动。纵观历史，传播内容的价值固然重要，但更重要的是所运用的传播工具，它们的特点、创新潜力均深刻影响了社会和人类认知世界的范式。

这些媒介的变革不仅仅影响了人类的感知体验，更从根本上改变了人际交往的模式与结构，推动了社会行为类型的演进。例如，口语媒介在原始社会中占据主导地位，因此受限于物理空间，促使人类社会形成了紧密的部落社群；随着文字和印刷媒介的兴起，人类社会逐渐由听觉社会转向视觉社会，地理空间的限制被打破，文字和印刷媒介推动了社会的广泛交流与分散化，进而导致了部落社会的解构；现代社会出现并逐渐普及的电子媒介，特别是手机，实现了信息的即时共享与互动，从而推动了人类社会在更大范围内形成新的社群结构与网络。因此，媒介的发展与社会演进的变革之间存在着紧密的耦合关系，媒介在社会发展中扮演的角色和所产生的影响具有复杂性和多维性。

二、跨媒介传播

随着各类丰富媒介的更新迭代，亨利·詹金斯（Henry Jenkins）在21世纪初首次提出了跨媒介的概念并发起了跨媒介理论。跨媒介也被译为跨媒体，是一种媒介向另一种或多种媒介的转换，其最初的表述出自影视传播领域，特别强调发挥不同媒介的特点来促成一个故事在不同领域的跨界呈现。"一个跨媒体的故事横跨不同的媒介平台展开，每一个平台都有新的文本为整个故事做出有差异的、有价值的贡献。每一种媒体都出色地各司其职、各尽其责。"[①]

在跨媒介传播的领域中，从传统媒体，如报纸、杂志、广播、电视，到新兴的数字媒体，如互联网、移动应用、社交媒体等，这些不同形态和功能的媒介共同编织了一个丰富多元的跨媒介传播生态。

因此，跨媒介传播实际上是一种现代的信息传播方式，让所涉及的信息在不同媒介之间流布与互动，包括相同信息在不同媒介之间的交叉、传播与整合以及媒介之间的合作、共生、互动与协调。

---

① 詹金斯. 融合文化: 新媒体和旧媒体的冲突地带[M]. 杜永明，译. 北京: 商务印书馆，2012: 157.

三、跨媒介叙事

跨媒介传播并非简单地将同一信息在不同媒介上进行复制传播，它更侧重于信息的整合与重构。在传播过程中，信息需根据各媒介的独特属性和受众群体的具体需求，进行精细化的整合与重构。这种整合与重构旨在确保信息更有效地适应不同媒介的传播特性，满足受众的多样化需求，进而提升信息的传播效果和影响力。非物质文化遗产的跨媒介叙事实践同样遵循着一种特定的叙事逻辑。在呈现非遗故事或作品时，不同的媒介平台以及各异的受众群体会赋予其独特的阐释视角和方式，从而形成一种"同宗异体"的叙事形态。具体而言，尽管叙事的核心主题一致，但在不同媒介中，非遗故事或作品的内容呈现和形式表达会展现出多样化的差异。

以中国剪纸为例，剪纸艺术作为我国非物质文化遗产的重要组成部分，凭借其独特的艺术魅力和深厚的文化底蕴，成功入选"人类非物质文化遗产代表作名录"。这一艺术形式在传播初期，以实际操作为传播媒介，工匠仅凭一把剪刀和一张纸，便能巧妙地勾勒出生活中的喜怒哀乐。剪纸载体多样，包括纸张、金银箔、树皮、树叶、布、皮革等，展现了其丰富的艺术技巧。

在网络信息时代，剪纸艺术通过网络媒介平台进行展示和传播。例如，通过新闻网站、社交媒体等，在这些平台上，剪纸艺术的深远文化内涵以更加多元化的方式得到了拓展和延伸。

随着时代、科技的不断进步，数字化平台也应运而生。2022年4月26日国家级非遗项目"辉县剪纸"首批数字藏品在摩点平台的发布充分展示了剪纸艺术在跨媒介叙事中的创新。该批数字藏品以国家级非遗传承人李爱荣的生肖剪纸作品为原型，结合3D数字化技术，将中华优秀传统文化中的十二生肖元素、瑞兽元素以及民间剪纸技艺通过数字化应用呈现。通过虚实结合、线上藏品与线下实物相互转化的推广方式，将传统文化推广到年轻群体。在跨媒介叙事传播中，我国传统剪纸艺术的"同宗异体"叙事形态得到了充分体现。尽管不同媒介平台在内容呈现和形式表达上存在差异，但它们都以剪纸艺术为核心主题进行展示和传播，形成了一种独特而富有创意的叙事方式。

四、跨媒介参与

参与式文化描述了媒介文化中的互动现象，强调了受众群体的角色变化：受众不再只是被动的接收者，而是媒介内容的生产者和媒介产品的传播者、消费者。同时，受众参与是否深入会影响跨媒介叙事的整体结构。[①] 这一理论的核心在于受众基于不同媒介平台的特性，精心创作并传播具有非遗文化特色的内容。具体而言，跨媒介参与策略包含两个主要层面。

（一）生产层面

新媒体技术的崛起，特别是短视频平台的兴起，为非遗文化的数字化创作与传播提供了广阔空间。受众通过短视频等新型内容形式，将非遗文化元素融入其中，创作出符合媒介特性的非遗故事。例如，某博主在社交媒体平台上发布了一系列关于在饮料瓶上绘制景泰蓝图案的创意视频，独特的视点加上精湛的传统技艺吸引了大量观众的关注，同时引得更多生产者参与跨媒介非遗内容的创作。

（二）传播层面

跨媒介参与通过新媒体平台实现了非遗文化的多渠道、多形式传播。受众作为传播者，不再依赖于官方传播途径，而是借助新媒体平台的互动性和社交性，将非遗文化内容分享至各个平台，形成了庞大的传播网

---

① 高远，刘泽筠，袁梓能，等. 非物质文化遗产"活态"传承与跨媒介传播研究 [J]. 记者摇篮，2023（10）：57-59.

络。这种传播模式打破了传统媒介的界限，还使得非遗文化在不同的媒介间自由流动，进一步扩大了其传播范围和影响力。

五、巴蜀文化的跨媒介传播

习近平总书记曾指出，要系统梳理传统文化资源，让收藏在禁宫里的文物、陈列在广阔大地上的遗产、书写在古籍里的文字都活起来。[①]三星堆遗址作为巴蜀文化中一处重要的考古发现，深刻展现了中华文明的多元性和丰富性，其考古价值、历史文化价值以及艺术价值均达到了较高的层次。

在探讨三星堆遗址的传播策略时，跨媒介传播方式具有显著的可行性，不同渠道和平台的融合为三星堆遗址构建了一个全方位的传播空间。

（一）新闻纪实报道

在三星堆遗址的传播过程中，新闻媒体的官方权威报道注重的是信息传递的真实性和即时性。以中央广播电视总台为例，该机构采用了先进的虚拟成像和鱼竿摄像机技术，结合传统的报道方式，开启了云直播的全新尝试。通过慢直播的形式，公众能够实时见证考古现场的情况，与专家、学生进行互动，更加直观地了解考古工作的艰辛与乐趣。此外，中央广播电视总台还利用 H5、12K 等先进技术，打造了系列精彩的融媒体产品，如"邂逅三星堆——12K 微距看国宝"，以全新的视角展现了三星堆遗址的魅力和价值，进一步提升了公众对于三星堆文化的认知度。

（二）影视媒介

电影、电视剧以及综艺节目等通过精心策划的视觉与听觉元素，为观众提供了高度沉浸式的观看体验，相较于其他媒介，影视媒介在深入

---

① 新华社．习近平：建设社会主义文化强国 着力提高国家文化软实力 [EB/OL]．（2013-12-31）[2024-02-01]. https://www.gov.cn/ldhd/2013-12/31/content_2558147.htm.

剖析和展示文化内涵方面展现出显著的专业性和优势。自 2004 年起，《三星堆·消失与复活》等纪录片便采用严谨的学术视角和专业的叙述方式，通过综艺化的手法，将三星堆考古的宏大叙事转化为生动、易懂的呈现形式，系统地介绍了三星堆遗址的研究与发掘过程，使得观众能够更为深入地了解三星堆文化的独特魅力和历史价值。2024 年 7 月，《三星堆：未来启示录》AI 微短剧播出，以先进科技展现了古蜀文明的面貌，同时在视觉呈现上实现了震撼人心的宏大效果。借助 AI 先进的模拟和渲染技术，该剧中的场景、角色和细节栩栩如生，仿佛引领观众步入了一个真实而震撼的未知世界。该剧通过影视艺术的独特手法，巧妙地将古蜀文明与未来科技相融合，打破了时空界限，使观众能够亲身体验古今交织碰撞的奇妙魅力。综艺节目《国家宝藏》等也通过嘉宾的精彩演绎，对三星堆遗址中金杖、商铜纵目面具、一号青铜神树等文物的前世今生进行了精准而专业的解读。

（三）衍生品跨界开发

衍生品通常基于原作（动漫、电影、纪录片等）进行创作，它们继承了原作的文化内核，并通过新的形态和媒介进行传播。通过对商青铜立人像、金面具等文物元素的提炼，结合现代设计理念和艺术表现手法，三星堆博物馆成功打造了一系列具有蜀地文化特色和现代审美价值的文创产品。这些产品涵盖了家居装饰品、办公用品等多个领域，旨在以年轻化和流行化的方式重新诠释三星堆文化的庄重与神圣。积极寻求与不同行业的跨界合作机会也是跨媒介传播的途径之一，通过与服装、美妆、游戏、建筑、盲盒、食物等多个领域的知名品牌或企业建立合作关系，三星堆遗址实现了在多个领域的文化融合与创新。例如，三星堆博物馆与腾讯达成文创战略合作，在游戏设计、音乐创作、网络文学等多个领域进行深入合作，将三星堆文化元素融入其中，进一步推动了三星堆文化的传播与发展。

第二节　巴蜀文化的符号化传播

在人类社会的传播活动中，符号作为信息的物理载体或外在表现形式，通过代表特定事物和概念的标志来传达信息。因此，深入研究符号的本质属性和作用机制，对于准确理解和把握人类信息传播活动的专业特性和规律具有重要意义，有助于传播巴蜀文化。

一、符号概述

在日常生活中，符号的存在形式丰富多样，它们构成了人们所认知的世界。不管是具体的还是抽象的，只要能够指代特定的概念或传达特定的信息，均属于符号的范畴。符号在事物的表述和传播中扮演着不可或缺的角色，没有符号的参与，人们就无法有效地感知、识别和理解外部世界的存在。

二、符号的基本功能

符号是人类交流的核心要素，人们依赖符号来相互传递信息。简而言之，符号的基本功能主要体现在三个方面：一是帮助人们表达和理解信息；二是实现信息的有效传递；三是促进人们的深度思考。

（一）表达和理解

在人际传播过程中，交流的核心在于精神内容的传递，即精神信息意义的共享。然而，精神内容本质上是无法直接交换的，需要借助可感知的物质形态——符号来实现其表达。因此，人际传播活动本质上是一个符号化的过程，其中涉及两个关键阶段：编码（符号化）和解码（符号解读）。编码是信息发送者将内在的思想、情感或意图转化为各种可感知的符号形式（语言、文字、图像等），以便传播给接收者。解码则是接收者对这些符号进行解读，以理解其背后的意义。此外，接收者在理解信息后做出的反应同样是基于符号解读的再次编码，从而形成了新的传播过程。

（二）信息传递

在信息传播的过程中，信息的偏差与丢失是常态，尤其在漫长的时间跨度中。若精神内涵的深层意义未能通过符号这种稳固的媒介得到承载，则难以实现完整且持久的保存。符号化的重要功能之一就是实现信息的有效传递。以古代先贤老子为例，若无《道德经》对其哲学思想进行精准的记录与传承，后世就无法深入领会其"人法地，地法天，天法道，道法自然"等核心教义的深刻内涵。

（三）深度思考

符号是触发思维活动的媒介，大脑通过符号对外部信息进行内在深度处理和整合。在此过程中，思考不仅仅是对信息的详尽分析和处理，更依赖于特定的思考对象和与之紧密相连的知识储备。这些知识通常是以图式等符号化形式储备在大脑中。从本质上看，思考可以被视为对符号进行操作、在符号间构建逻辑关联和形成意义体系的过程。

当人们对巴蜀文化进行深入探究时，脑海中就会浮现出三星堆遗址中青铜器的形象、蜀绣的精美图案以及巴蜀地区的种种历史故事、神话传说等。这些形象、图案、故事都是巴蜀文化的符号，它们共同构成了人们思考巴蜀文化的基石。没有这些符号作为参考和依据，人们就无法对巴蜀文化进行联想和探讨。因此，符号存在于思维中，是思维过程的依靠。

三、巴蜀文化的符号化传播

以古蜀神鸟为例对巴蜀文化符号化传播的研究进行阐释。古蜀神鸟是古蜀文明中一个重要的生物，这一形象在巴蜀地区的神话传说、诗歌等文学作品中频繁出现。据《全上古三代秦汉三国六朝文》："蜀王之先名蚕丛，后代名曰柏濩，后者名鱼凫。此三代各数百岁，皆神化不死，其民亦颇随王化去。"[①]鱼凫即鱼老鸹，是一种捕鱼的水鸟。在古蜀人的祭祀仪式中，神鸟形象被大量应用，这是古蜀历史与文化面貌的生动写照，通过具体的艺术表现，揭示了古蜀人在宗教、艺术及哲学等领域的深刻思考与独特创造。因此，2001 年出土于金沙村、现收藏于成都金沙遗址博物馆的商周太阳神鸟金饰已成为金沙遗址及成都地区的标志性符号，在城市景观中占据重要地位。

第三节　巴蜀文化产业的 IP 化发展

一、文化 IP 产业

IP 英文全称是 Intellectual Property，是知识产权的意思，通常用来指代那些有高专注度、强影响力并且可以被再生产、再创造的创意性知识产权，其本质是一种智力成果权。[②]在文化产业的推动下，经典 IP 拥有强大的粉丝基础和文化背景，因此能够拥有其他产业望尘莫及的先天优势，从而创造出更多的利润、实现价值最大化。IP 因其风险小、收益快的特性而受到投资者的青睐。

---

① 严可均. 全上古三代秦汉三国六朝文：第一册 [M]. 北京：中华书局，1958：414.
② 闫心玥，邓向阳. 打破 IP 神话：IP 对影视投资效率的影响分析 [J]. 传媒经济与管理研究，2022（3）：191-210.

二、IP 产业运营要素

（一）文化 IP 的培育与诞生

博物馆文化 IP 的培育并非直接套用现成的动漫、小说、电影等的传统模式，而是需要深入挖掘博物馆海量的藏品与丰富的历史文化底蕴，寻找并提炼出独特的创意元素。这些创意既可能源于物质化的文物、历史文本，也可能源于无形的制度、文明等精神层面。当创意被发掘后，相关产业人员便需要通过视觉设计或文字创作等手段，将这些创意元素转化为具体的 IP 形式，如生动的人物角色、引人入胜的故事叙述、富有特色的文化产品、动人的音乐作品、精彩的综艺节目或表演艺术等。这些形式之间并非孤立存在，而是可以相互转化、相互融合，形成丰富多彩的文创 IP 生态。

以四川文投集团为例，该集团携手加拿大团队，精心策划并打造了以三星堆文化为题材的动画电影《金色面具英雄》。该项目依托并深入挖掘三星堆博物馆内珍贵的文物资源，通过高度专业化的创意整合与动画技术，成功推出了这部备受瞩目的动画电影。《金色面具英雄》巧妙地将三星堆的青铜面具以拟人化的手法呈现于银幕之上，不仅展现了这些文物的艺术价值，还让观众深入感受到了巴蜀文化的深厚底蕴与独特魅力。影片的成功不仅仅在于其艺术价值，更在于其对文化的传承与发扬，并且为文创 IP 的培育提供了宝贵的实践经验。

在文创 IP 的精心培育过程中，受众的参与正逐渐展现出其不可或缺的重要性，用户生成内容（UGC）已经崛起为一种举足轻重的内容生产模式。广大受众能够通过多样化的在线平台与渠道，积极参与文创 IP 的构思、设计与推广等各个环节，从而为文创 IP 的孵化与创新提供源源不断的创意灵感与强大动力。

（二）文化 IP 的传播媒介

媒介推广对 IP 运营至关重要，其传播效果直接影响 IP 受众范围。传统运营模式因技术限制难以打破媒介界限，即便在数字时代，跨媒体融合仍具挑战。IP 运营则通过资源媒介附着性和内容创新，布局全产业链和全媒体平台，优化传播效果，增强 IP 影响力。

（三）文化 IP 用户黏性

用户培养的核心在于提升用户的黏性，这涉及从吸引、建立联系到持续维护用户的系统性过程，充分体现了"用户导向"的市场理念。相较于小说、电影等 IP 自然拥有的粉丝基础，博物馆文创 IP 的用户积累主要依赖于实体展览的参观者和网站的浏览者。因此，线上以及线下的博物馆在展陈设计与服务方面均需进行深入研究，以文化的深度与广度吸引用户。同时，在数字化时代背景下，运用大数据技术对用户需求进行深入挖掘、构建用户画像、分析用户偏好，从而为 IP 内容的精准开发与生产提供科学依据，已成为博物馆文创 IP 用户培养的重要学术研究方向。

（四）跨界经营

在文创 IP 产业链中，跨界经营作为关键的一环，涵盖了商业授权与免费开放版权两种模式。商业授权特指以有偿方式将无形的 IP 使用权转让给第三方，这类似于跨媒介特许经营权的授予。在此机制下，被授权方有权合理使用授权作品，并从中获取相应的经济回报。然而，IP 资源的版权交易在文创产业运营中显得尤为复杂且成本高昂。由于 IP 具有多样化的表现形式和广泛的应用领域，因此在交易过程中，版权所有者往往仅针对某一特定改编或应用形式的版权进行单独销售。例如，将 IP 转化为音乐、现场表演等多媒体内容，或将其应用于服装、食品、护肤品等消费品领域。近年来，文创大赛已成为博物馆主动开放部分版权、与社会力量合作进行 IP 二次开发的典型范例。

三、巴蜀文化 IP 运营

（一）传统复制品的推出

在文创 IP 发展的初期，各类文化产业主要致力于传统文物复制品的推出。这些复制品，如青铜器、玉器、陶器等，精细地还原了文物的历史面貌，是对古代文明的一种深刻致敬。然而，尽管这些复制品在技艺上达到了较高的水准，但它们往往缺乏创新性和实用性，使得其受众群体相对有限，尤其是难以吸引年轻消费者的目光。

在这一阶段，巴蜀文化的文创产品更多地停留在对文物本身的复制和模仿上，未能深入挖掘文物背后的文化内涵，也未能将传统文化与现代审美和实用需求相结合。因此，这些文创产品虽然具有一定的历史价值和文化价值，但在市场竞争中往往显得力不从心。

（二）创意元素的融入

随着文创产业的不断发展，各大企业开始意识到传统复制品的局限性，并逐渐探索新的文创产品开发路径，尝试将文物中的文化艺术元素进行创新性设计，结合现代审美和实用需求，推出了一系列既具有文化内涵又兼具实用性的文创产品。这些产品不仅深受年轻消费者的喜爱，还成功地将传统文化推向了更广阔的市场。

巴蜀文化的文化产业创新借鉴故宫文创的成功经验，将传统文物中的纹饰等元素与现代生活用品设计相结合。例如，金沙遗址博物馆中的商周太阳神鸟金饰作为古蜀文明的象征，其精美的图案和深邃的文化内涵成了文创设计的灵感源泉，一些设计师将太阳神鸟的图案巧妙地运用在胶带、笔记本封面和书签的设计上。通过文创产品的创新设计，这些珍贵的文物不再是博物馆中遥不可及的展示品，而是作为文化的载体，巧妙地融入现代生活的各个方面，成为具有实用价值和审美价值的文创产品。

此外，巴蜀创意的融入还体现在了方方面面。在人们的印象中，蜀绣往往以摆件的形式呈现，图案多以熊猫、金鱼、花朵为主，作为旅游产品出售。在"巴蜀工坊——传统工艺与现代设计优秀作品展"上，蜀绣却以黑白丝线绣成的《水墨残荷》呈现在众人面前。这幅蜀绣运用传统蜀绣的晕针、铺针、沙针等10多种针法，完美地呈现了摄影作品的视觉效果，将巴蜀传统文化与现代科技感相结合，打破了众人对蜀绣的刻板印象。此次展览上，根雕作品也不再是常见的屏风和桌椅，根雕者运用巧妙的手法，雕琢出了矗立在山峰之间、云朵之上的古老羌寨碉堡群，展现出羌民族建筑与自然环境相结合的美丽与神奇。提到年画，人们最容易联想到门神和剪纸，但此次展览展出的绵竹年画作品中，手绘的年画仕女成为梳妆镜上古色古香的装饰，色彩过于浓烈的"赵公门神"年画图案被数码印制在雨伞上，都具有良好的色彩效果。

创意元素亦融入了各个方面。一家以川菜切入北京餐饮市场的巴蜀特色餐厅将深厚的汉历史文化、巴蜀人文风情融入品牌内涵，以其独家演绎和精益求精的新派川菜，进行古与今的碰撞、市井文化与传统艺术的融合，打造"中国川菜新形象"。竹林是巴蜀地区的特色产物，该餐厅把竹子形态特征总结为一种做人的精神风貌，把非遗艺术元素竹编制成一个红色大型装置，顾客一进入餐厅空间即能感受到巴蜀的人文风格。同时，餐厅经营者将川剧脸谱搬入室内，拆分至各处迎客屏风上，去打破界限，从而勾勒出室内的叙述性和空间的自生性，通过设计来更新并展现人们对巴蜀传统文化的见证与体验。餐厅经营者还以炫彩玻璃元素及活字印刷艺术塑造《蜀国演义铭》，古法技艺融入现代材料，整体晶莹剔透，能够给予顾客在视觉、触觉等感官上的多层次体验。

当巴蜀文化 IP 的创意精髓渗透至日常生活的细微之处时，这一 IP 就能拥有源源不断的创新活力，大大地促进了更为广泛且高效的对巴蜀文化的宣传。

（三）IP 的打造与推广

在文创产品开发的过程中，仅凭博物馆自身的资源与能力来构建完整的文创产品体系确实面临诸多挑战。因此，众多博物馆纷纷采取策略，通过举办文创设计大赛的方式，广泛向社会各界征集创意作品，以汇聚多元的智慧与力量。例如，2023 年四川省博物馆主办的"'成渝地，巴蜀情'阅·创图书馆文旅文创设计大赛"就是一个成功的案例。这场大赛面向全国，鼓励设计师提交富有创意的设计作品。在各种活动的推动下，巴蜀文化的文创产品体系更加完整，品牌效应也逐步凸显。在成都的各个博物馆、文创店铺，甚至是城市中的各个角落，都可以看到文创产品的身影。其中，集邮成了文创商店的一大亮点，为游客提供了邮寄明信片、盖纪念章等服务，这些服务不仅提升了游客的参与感和文创的互动性，还进一步提升了文创产品的吸引力。

第五章　创新：巴蜀文化数字化传播 新样态

第一节　基于社交媒体的即时传播

社交媒体作为 21 世纪信息技术的杰出代表，已经深深渗透到人们的日常生活与工作中，并在信息传播领域展现出无可替代的重要性。这一变革性的传播工具不仅重塑了人们的交流模式，更在一定程度上加速了信息的流通与共享，特别是在经济数字化浪潮下，社交媒体的即时传播特性使得文化、社会、经济等领域的资讯得以跨越国界，迅速抵达世界各地。下面就社交媒体这一新兴的信息传播渠道对巴蜀文化的即时、广泛传播进行探讨。

当前，社交媒体用户基数庞大，为巴蜀文化的广泛传播提供了得天独厚的条件。在这庞大的用户基数下，信息得以迅速传播，覆盖范围广泛，且每个用户通常拥有多个社交媒体账号。通过大数据的精准监测与个性化推送，巴蜀文化得以在多个社交媒体平台高效传播，从而显著提升了自身的曝光度和影响力。这种传播模式不仅有助于引导用户访问官方网站，还能有效吸引更多潜在受众的关注，为巴蜀文化的传承与发展注入新的活力。

在对社交媒体在巴蜀文化传播中的初步应用进行概览之后，人们面临如何将巴蜀文化有效融入社交媒体环境，以实现即时传播效益的严峻挑战。这一挑战构成了当前文化传播研究的重要议题。为了解答这一关键问题，必须深入探究即时传播的形成机制。这是解决所有相关问题的根本所在。

视觉形象在人的大脑中逐渐取代文字形象，凸显了自身的信息传播优势。这一现象可以归因于多个方面的因素。从认知心理学的角度看，人的大脑对视觉信息的处理速度远超过对文字信息的处理。视觉刺激，如图片、视频和图形，能够迅速捕捉人的注意力并引发强烈的情感反应。这种快速的视觉处理使得视觉形象能够更快地在人的大脑中形成深刻的印象。

从学术与专业的视角深入剖析，社交媒体平台上的视觉形象在信息传播中扮演了至关重要的角色。在快节奏、高信息密度的社交媒体环境中，用户倾向于在有限的时间内高效处理信息。因此，视觉形象以其直观性和快速解码能力成为更为有效的信息编码和传递方式。与文字和声音信息相比，视觉信息通常具有更高的吸引力和可理解性。一张精心设计的图片或一段精心制作的视频，能够迅速传达核心概念、情感或故事，不需要用户花费大量时间阅读冗长的文字描述。在社交媒体环境中，这一优势尤为突出，因为用户期望在短时间内获取关键信息，并受到足够刺激，以保持浏览的兴趣。随着社交媒体的持续演进，视觉形象在信息传播中的重要性更加明显，为用户带来了更丰富、更直观的信息体验，并逐渐成为推动信息高效传播的关键因素。

巴蜀文化的历史传说和民间故事资源丰富，若以富有创意的方式重新诠释，通过社交媒体平台发布，有望实现更快速的文化传播和影响。

技术创新在这一过程中可以扮演至关重要的角色，为整个进程注入活力。图像技术对现实的再现和表征能力超过了人的视觉感官，放大、重放、慢镜头、蒙太奇等可以为用户提供一种更"唯美化"的现实。巴蜀文化作为一种独具特色的地域文化，其传播方式可以巧妙地结合现代视频制作技术，通过精细的剪辑和创意的剧情设计，以视觉符号为媒介，展示丰富的文化内涵。在不同的社交媒体平台上，这种结合视频技术的文化内容创作方式具有极高的传播潜力。

除去视觉因素，社交媒体本身的互动性也是即时传播的重要策略之一。从互联网刚刚萌芽的阶段发展至今，我国网民数量呈爆发性增长，这就为文化在互联网中的即时性传播打下了坚实的基础。在各类社交媒体平台中，用户可以随时随地发布信息，在符合各方面条件的情况下，巴蜀文化的相关事件和话题有可能在短时间内迅速发酵，引起广泛关注并成为"热搜榜"中的一员。

综合来看，社交媒体平台的即时传播为巴蜀文化这一悠久且深厚的文化形式注入了新的活力，可以有效促进巴蜀文化的推广和普及。

第二节　数字出版与数字影视传播

在数字化浪潮席卷全球的今天，作为当代文化传播的两大重要载体，数字出版与数字影视传播不仅极大地拓宽了文化信息的传播渠道，还提升了文化交流的效率，特别是巴蜀文化这样的地域性特色文化，其存在和发展意义重大。通过数字出版与数字影视传播，巴蜀文化的独特魅力得以更广泛、更深入地展现给世人，在一定程度上可以提升自身的影响力，扩大文化传播的范围。

一、数字出版技术的发展

数字出版起源于 20 世纪 90 年代，随着信息技术的发展和互联网的普及，其逐渐成为出版业的新兴业态。2002 年，北京大学谢新洲教授在其著作《数字出版技术》中首次提到了数字出版的概念："所谓数字出版，是指在整个出版过程中，从编辑、制作到发行，所有信息都以统一的二进制代码的数字化形式存储于光、磁等介质中，信息的处理与传递必须借助计算机或类似设备来进行的一种出版形式。"①简而言之，数字出版是利用数字技术进行内容编辑加工，并通过网络传播数字内容产品的一种新型出版方式。数字出版的主要特征为内容生产数字化、管理过程数字化、产品形态数字化和传播渠道网络化。数字出版产品的形态主要包括电子图书、数字报纸、数字期刊、网络原创文学、网络教育出版物、网络地图、数字音乐、网络动漫、网络游戏、数据库出版物、手机出版物（彩信、彩铃、手机报纸、手机期刊、手机小说、手机游戏）等。

数字出版出现之后，传统的出版形式发生转变，出版领域实现了重要跨越。例如，录音技术的发明与普及使音乐得以录制并广泛传播，形成独特的音乐出版产业。这不仅使优秀的音乐作品得以广泛传播，亦为音乐人提供了展示才华与获得经济回报的平台。影视作品的诞生更是出版领域广泛而深刻的变革。影视作品结合视觉、听觉、表演等多种艺术元素，通过画面、音效、剧情等手段为观众呈现丰富、生动的视听体验。其制作发行涉及复杂技术与流程，包括摄影、剪辑、特效、配音等。随着电影电视技术的进步，影视作品质量不断提升，题材、风格日益多样化，成为文化传播的重要途径。

起初，各类出版物通过光盘、硬盘等媒介传播，虽方便阅读与携带，但受媒介限制，影响力和受众范围有限。随着互联网的普及与带宽的提升，网络出版崭露头角，人们可直接下载各类出版物，不再受物理媒介限制。网络出版的兴起极大地拓宽了出版物的传播渠道，为出版物实现实时传播奠定了坚实基础。

随着移动设备与移动互联网的迅猛发展，数字出版迎来了更大的发展机遇。智能手机与平板电脑的普及使人们能利用碎片化时间随时随地

---

① 谢新洲. 数字出版技术 [M]. 北京：北京大学出版社，2002：12-13.

阅读与获取出版物，真正实现了阅读自由。在这样的背景下，数字出版成为巴蜀文化传播的温床。无论是文字、音乐还是影视作品，都是巴蜀文化传播中不可或缺的载体。当人们打开智能设备，无论选择浏览哪一种类型的信息，都有可能成为巴蜀文化被看见的机会。

二、巴蜀文化题材数字影视作品的推广

影视媒介承载着文化精华，并且通过多元化形式对文化信息进行传递。[①] 在欣赏不同国家的影视作品时，观众可以从故事情节、服饰设计、生活习惯、角色行为模式以及配乐等多个维度，全面而深入地了解这些国家独特的风俗习惯及其所蕴含的社会价值观，从而加深对其文化的认知。可见，影视作品有助于打破文化隔阂，进一步推动全球文化的多样性发展。巴蜀文化题材的数字影视作品同样可以实现更大范围的传播，增进大众对其的认知与理解。

以马楠在 2019 年执导的电影《活着唱着》为例，该片主要讲述了民间川剧团——火把川剧团的故事。影片通过质朴、真诚的镜头，展现了剧团老板娘赵丽及其团员趣味横生的生活，以及他们"活着就要唱着"的巴蜀精神。这些草根艺人在乡间的舞台上，用他们的乐观、顽强和对川剧艺术的坚守，打动着每一位观众。从剧本到演员，处处都是对巴蜀文化的生动展示。在电影中，川剧艺术的魅力和其生生不息的活力被娓娓道来，每一个角色的性格、每一个细微的情节都被演绎得精妙绝伦，让观众看到了剧团成员对川剧艺术的热爱和坚守。在人物塑造上，巴蜀人安逸悠闲、坚强豁达的性格特质在影片主人公赵丽及其团员的身上得以完美体现。无论生活给予他们多少重压、多少困境，他们总能以积极的心态去面对，去战斗。他们用歌声和笑声驱散生活的阴霾，用坚韧不拔的精神书写巴蜀人的骄傲。除了人物塑造部分，巴蜀地区的民俗风情

---

① 常继文.影视媒介实现跨文化传播的策略 [J].记者摇篮，2024（1）：27-29.

和鲜明的地域特色也被细腻入微地融入进来，无论是剧团成员身穿的川剧戏服，还是他们手中的道具、身后的布景，都是川剧的精髓所在，不知不觉中将观众带入了那片充满魅力的土地，使观众在品味故事的同时，深深感受到了巴蜀大地的壮丽与神奇。

《金色面具英雄》是以巴蜀文化的瑰宝——三星堆为主题制作的动画电影，它以三星堆文化中的"面具、神树、大立人"等为核心创意元素，围绕三星堆神秘文化，讲述了男主角在机缘巧合下得到三星堆的金色面具，从而穿越回古蜀时代，在拯救世界过程中引发的一系列冒险故事。值得一提的是，该动画电影是川渝本地团队和外国团队的一次合作，而这无疑成了宣传巴蜀文化的重要时机，为巴蜀文化的国际化传播打下了坚实的基础。

第三节　基于元宇宙的沉浸式传播

一、元宇宙概述

元宇宙是人类运用数字技术构建的，由现实世界映射或超越现实世界，可与现实世界交互的虚拟世界，具备新型社会体系的数字生活空间。元宇宙并不是新技术，但集成了一大批现有技术，包括 VR、AR、区块链、三维全景、5G 等。这些技术为元宇宙提供了强大的技术支撑，共同支撑着其稳定运行并确保其能够为用户提供流畅、逼真且安全的虚拟体验。

VR 是一种利用计算机技术生成三维的虚拟世界，并通过特殊的设备让用户沉浸其中的技术。用户可以通过头盔显示器、手套等传感设备，与虚拟世界进行交互，获得视觉、听觉、触觉等多种感官体验。其实现方式是以计算机技术为主，综合三维图形技术、多媒体技术、仿真技术、显示技术、伺服技术等，创造出一个逼真的三维虚拟世界，让用户在其中进行各种交互操作。

如前文所述，AR 是一种将虚拟信息与真实世界巧妙融合的技术。它广泛运用了多媒体、三维建模、实时跟踪及注册、智能交互、传感等技术手段，将计算机生成的文字、图像、三维模型、音乐、视频等虚拟信息模拟仿真后，应用到真实世界中，两种信息互为补充，从而实现对真实世界的"增强"。其操作步骤如下：第一，通过摄像头和传感器捕捉真实世界的数据，并将其传输到计算机中进行处理；第二，通过特定的算法对这些数据进行分析和重构，生成模拟的虚拟信息，如文字、图像、三维模型等；第三，将生成的虚拟信息与真实世界进行混合叠加，创造出新的虚拟图像。

区块链是一种基于密码学原理的分布式账本技术。它通过多台计算机的协同工作，将交易数据记录在一个不可篡改的区块上，并将多个区块串联起来形成"链"，具有去中心化、不可篡改、公开透明等特点。区块链的核心思想是去中心化，它通过分布式数据库来存储和记录交易数据，没有任何一个节点可以控制或篡改整个链条。此外，区块链还基于共识机制，即多节点之间的协作，确认交易的有效性，进而构建一个公开透明、可信的分布式账本系统。

三维全景是一种基于全景图像的真实场景虚拟现实技术。它会拍摄一组或多组照片，之后将这些照片拼接成一个全景图像。这个过程可以通过使用专业的相机结合鱼眼镜头，平均每 60 度拍摄一张，360 度须拍摄 6 张，上方单独拍摄 2 张，每个景点照片共拍摄 8 张来完成。也可以使用专业的三维平台建立数字模型，然后使用全景工具软件制作而成。

5G 即第五代移动通信技术，是一种具有高速率、低时延和大连接特点的新一代宽带移动通信技术。它被视为实现人机物互联的网络基础设施，对现代社会有着深远的影响。5G 的主要特点体现在其三大应用场景中：增强移动宽带、超高可靠低时延通信、机器类通信。增强移动宽带主要面向移动互联网流量爆炸式增长，为移动互联网用户提供更加极致的应用体验；超高可靠低时延通信主要面向工业控制、远程医疗、自动驾驶等对时延和可靠性具有高要求的垂直行业应用需求；机器类通信则主要面向智慧城市、智能家居、环境监测等以传感和数据采集为目标的应用需求。

二、元宇宙对巴蜀文化的传播

作为数字技术的创新成果，元宇宙凭借沉浸式、互动性强的虚拟体验，为传统文化的传承和普及带来了全新的方式和工具。

2019年3月25日，"三星堆：人与神的世界——四川古蜀文明特展"在罗马的图拉真市场及帝国广场博物馆开幕。本次展览以四川博物院、三星堆博物馆及金沙遗址博物馆的珍稀文物为核心，运用了一系列前沿技术，诸如高精度三维虚拟建模、人工智能驱动的沉浸式角色体验、开放式三维引擎构建技术，以及实时光影渲染等，匠心独运地构建了一个充满"元宇宙"奇幻魅力的全沉浸交互式数字文博展区。在此展区中，参观者可以通过操控虚拟角色，自由穿梭于未来感十足的虚拟空间中，深度体验历史长河的流转，并感受古蜀文明的深邃、奇幻与非凡魅力，从而实现对文化遗产的全方位感知与理解。

受此影响，四川成功推出了全国首个专注于巴蜀文化的数字藏品平台——灵兽宇宙。该平台的诞生标志着巴蜀文化在数字化领域的重大突破。灵兽宇宙以推动巴蜀文化的数字化为核心使命，致力为文化机构、艺术家和爱好者构建一个集数字艺术作品发布、收藏、展示、研究和体验于一体的综合性平台。通过运用先进的数字技术，该平台将巴蜀文化的精髓以数字藏品的形式呈现，使更多的人能够便捷地了解和接触到这一优秀的地域文化。

在灵兽宇宙这一平台上，数字藏品不仅是文化的载体，更是创作者权益的保障。一旦数字藏品在公链上进行交易，作品的原创者将享有二次分成的权益，这为巴蜀文化的创作者提供了长期稳定的收入保障，激发了他们的创作热情，推动了巴蜀文化作品的不断涌现。同时，数字藏品通过区块链的加密制作，确保了作品的真实性和唯一性，有效保护了创作者的权益。

在元宇宙浪潮的推动下，2022年兴起的"数字藏品"已成为博物馆文化传承与青年群体互动的新宠儿。文创产业一经诞生，经久不衰，从文创雪糕到文创周边，再到数字藏品，各个文化博物馆积极拥抱数字化。不少历史爱好者感叹，曾经得花大价钱买机票订门票才能目睹的文物，现在只需要在家里就可以把它"据为己有"。

金沙遗址博物馆正式发布公告，2022年2月18日至20日，每日20点准时在"StarArk数字文创平台"上线三款虎年限定款数字文创产品。这是继2021年11月该博物馆首次探索"数字文创"领域后，再次以创新姿态涉足此新兴领域。除此之外，金沙遗址博物馆还积极运用直播云游、小程序开发、跨界合作等手段，打破传统博物馆的固有形象，为其他文化机构提供了宝贵的经验。这些举措有助于拓展博物馆的研究领域，促进文化遗产的数字化保护与利用。

第六章　网红：巴蜀文化媒介地方感的形成

第一节　媒介地方感的基本概念

一、地方感概述

地方感是人文地理学探讨人与地方关系的重要议题，包括两方面的内容——地方自身固有的特性、人们对地方的依附感[①]。因此，所谓地方感，实则是人与特定地域间所构筑的一种深层次的情感纽带。这种纽带可多维度解读，涵盖了认知、情感、行为三大层面。在认知维度上，地方感体现了个体对某地域的认知深度与辨识能力，即通过各类媒介信息，个体能够洞悉该地域的独特风貌、历史脉络及文化意蕴。在情感维度上，地方感表现为个体对某地域的强烈归属感、深厚依恋感与高度认同感。这些情感要素的激发往往缘于媒介所传播的地域文化符号、社会网络结构、个体的生活阅历等因素。在行为维度上，地方感则通过个体的媒介

---

① 樊丽，王亚男.媒介地方感再生成与价值探析 [J].中国出版，2023（18）：47-52.

使用行为得以展现，如利用社交媒体分享地域体验、参与地域议题的探讨等，这些社会实践活动均是地方感在行为层面的具象化体现。

二、媒介地方感解读

随着媒介技术的发展，传统意义上基于地域和共同体认同的"地方感"正在经历显著的消解与重构，不同地域的人所感知的"地方感"并不一样。

浙江大学人文学部副主任邵培仁认为，人们经由媒介提供的认同方式形成新的地方体验，即媒介地方感，"媒介可能在其呈现的全球景观中削弱地方影响力，也能够通过对地方历史文化的阐释而凸显地方感"[①]。确实，媒介在经济数字化时代扮演着举足轻重的角色，这种"媒介地方感"并非简单地通过媒介了解地方的表面信息，而是一种深入骨髓的情感联系和认知。受众通过媒介接触到的地方信息，如地方的历史、文化、风俗、习惯等，会在他们心中形成一种独特的意象和认同，这种意象和认同反过来又会影响他们对地方的感知和态度。同时，媒介地方感不是一成不变的，它会随着媒介技术的发展和社会变迁而不断演变。新的媒介形式和传播手段，如社交媒体、虚拟现实等，为受众提供了更加多样的地方体验方式，这些新技术和手段的运用无疑将进一步丰富和深化媒介地方感的内涵和外延。

在媒介技术的推动下，地方与传播两者之间的界限逐渐模糊，相互交织，形成了一种新型的地方传播现象。这种现象不仅彰显了媒介技术在地方塑造与传播中的重要作用，也揭示了社交媒体平台对于个体经验与媒介实践体验的整合与重构。通过深入剖析这一现象，人们可以更深入地理解社交媒体时代下的地方传播动态及其背后的复杂机制。

---

① 邵培仁.地方的体温：媒介地理要素的社会建构与文化记忆[J].徐州师范大学学报(哲学社会科学版)，2010，36（5）：143-148.

第二节 巴蜀文化的地理与空间属性

一、巴蜀文化的地理属性

巴蜀即现今四川盆地及其毗邻地域，自古以来便是中国西南地区一个重要的文化地理单元，其独特的自然地理环境孕育了别具一格的巴蜀文化。

巴蜀地区地形地貌复杂，以四川盆地为主体，四周环绕着高山峻岭，如岷山、大巴山、巫山等。这些山脉构成了天然的地理屏障，对内部盆地的气候、水文等自然环境产生了深刻影响。盆地内部地势相对低平，土地肥沃，适宜农耕。同时，丰富的降水使得巴蜀地区水系发达，河流纵横交错，以长江为主干，辅以岷江、沱江、嘉陵江等多条支流。这些河流不仅为农业生产提供了灌溉水源，也促进了航运和渔业的发展。巴蜀地区属于亚热带湿润季风气候区。受地形地貌和气候带等多种因素影响，这里四季分明，冬无严寒，夏无酷暑，雨量充沛，湿度较大。这种气候条件为农业生产提供了得天独厚的优势，也为生物多样性创造了良好的生存环境。

巴蜀文化的形成和发展与这片土地的自然地理环境息息相关。在历史长河中，巴蜀地区孕育了灿烂的文化遗产和独特的民俗风情，展现出鲜明的地域特色。

从历史渊源看，巴蜀地区在中华文明的形成与发展中占据了举足轻重的地位。作为巴蜀地区史前文明的重要代表，三星堆文化遗址出土的青铜器、玉器、陶器等文物不仅工艺精湛，还展现了当时社会的高度组织化和复杂化。这些发现颠覆了传统史学界对于巴蜀地区文明起源和早期发展阶段的认知，证明了这里早在数千年前就已形成了高度发达的文明。

进一步而言，当时的古蜀国、古巴国不仅在政治、经济、军事等方面取得了显著成就，更在文化艺术、宗教信仰、社会制度等领域留下了深刻的烙印。这些政治实体在长期的历史演进中，与周边地区及中原文明发生了复杂的交流与互动，共同塑造了多元一体的中华文明格局。

在民俗风情方面，巴蜀地区的传统习俗独具特色。无论是婚丧嫁娶还是饮食习惯，都深受地理环境的影响。例如，川菜的麻辣口味并非偶然形成。盆地的湿润气候导致人们需要食用辣椒等辛辣食物来驱寒除湿，这逐渐形成了川菜独特的麻辣特色。同时，丰富的物产为川菜提供了多样的食材选择，如山珍野味、江河鲜鱼等，使得川菜在口味和营养上达到了完美的平衡。

巴蜀地区文化艺术的形成绝非偶然，其独特的地理位置是一大影响因素。这片土地四周环绕高山，内部则为肥沃的盆地，这样的地理环境既在一定程度上形成了相对封闭的文化圈，又通过长江等水系与外界保持着密切的交流与联系。这种既封闭又开放的地缘特性使得巴蜀文化在保持自身独特性的同时，不断吸收和融合外来文化元素。无论是青铜器、石刻，还是蜀绣、竹编，都展现了巴蜀人民卓越的创造力和精湛的手工技艺。这些艺术品不仅具有极高的审美价值，也是巴蜀文化传承和发展的重要载体。

二、巴蜀文化的空间属性

许多人认为文化遗产等同于物质遗产，如建筑群、服饰和古迹等，但实际上，文化并非仅仅存在于物理空间中的产物。物质遗产只是文化在精神层面深刻影响下的外在表现，是文化精神内涵在物质形态上的投影。文化是一个多层次、多维度的概念。在文化空间里，空间不仅具备推动社会发展的生产力特性，还是一种能够被消费和策略性生产的商品。这种空间并非自然存在，而是社会精心构建的产物，其中交织着各种社会关系。它不仅是政治力量的延伸，还是一种强大的控制和统治工具。因此，我们不能仅从物理维度去理解空间，更应将其置于广阔的社会历史背景中。在不同的历史时期和社会格局下，空间会呈现出截然不同的形态和特征。

作为特定历史地域的产物，巴蜀文化符号是地域认同的重要标记。以古蜀神鸟为例，古蜀神鸟是古蜀文化中的一个神秘生物。前文已述及，这一形象在古蜀国的神话传说、诗歌等文学作品中频繁出现。《蜀王本纪》记载："蜀王之先名蚕丛，后代名曰柏灌，后者名鱼凫。此三代各数百岁，皆神化不死。"鱼凫是一种神鸟。鱼凫的凫字在甲骨文及金文中皆有发现，都有鸟的形态。在古蜀人的祭祀仪式中，神鸟形象被大量应用。这不仅反映了他们对神鸟的敬畏与信仰，也体现了他们对鸟类在神话、宗教及日常生活中的重要地位的认可。这些种类繁多的神鸟形象是古蜀历史与文化面貌的生动写照，它们通过具体的艺术表现揭示了古蜀人在宗教、艺术及哲学等领域的深刻思考与独特创造。

第三节　赛博空间的巴蜀文化地方感

一、赛博空间的概念

"赛博空间"源自"赛博朋克"这一合成词，其中"赛博"（Cyber）代表与电脑、网络相关的事物；而"朋克"（Punk）最初指代摇滚音乐流派，后引申为与主流社会相异的叛逆青年。赛博朋克这个概念起源于威廉·吉布森（William Ford Gibson）的《神经漫游者》，小说中，赛博空间被描绘为一个通过电源接入、由电脑生成的虚拟空间。这个空间被视为一个交感幻象，是众多网络参与者共同创造的集体想象，它令人沉浸其中，导致参与者与现实生活脱节。互联网的发展使数字媒介已经浸润社会生活的每一个细胞，由此"一种新型的社会生活空间，即赛博空间应运而生，赛博文化也成为一种新型的文化现象出现于当代文化世界舞台"[①]。所以说，赛博空间可以被理解为一个隐藏的"精神空间"，它将人们的生活空间分成了现实和虚拟的两个不同维度和层面的空间形态。[②]正如当人们阅读小说的时候，精神完全沉浸在小说的世界中，这样的空间就是"赛博空间"，它是"一个既无所不在也无所在的，但决（绝）不是我们肉体所生存的虚拟世界"。[③]

二、赛博巴蜀虚拟再现

随着现代科技的迅猛发展，人类生产方式正经历着深刻的变革。虚拟现实、人工智能、大数据、云计算等前沿技术已成为科技领域的核心驱动力。在赛博空间的语境下，这一数字领域由多样化的多媒体内容和复杂关系网络构成，尽管它相对于物理世界呈现非现实性，但从用户感知和交互层面来看，它提供了高度逼真的体验。人们可以运用这些先进技术，进入赛博空间，彼此进行互动，构建起虚拟的纽带。

赛博朋克风格与巴蜀文化之间存在显著的共鸣，这些共鸣体现为一系列相似的元素，如未来感十足的立体城市景观、复杂精致的东方建筑特色、高度发达的人工智能技术、深入人心的虚拟现实体验、前沿的基因工程应用、人体改造的可能性、生化控制的精确性以及机器人技术的广泛应用。对巴蜀文创产品的设计所提取和运用的文化符号与这些赛博朋克要素展现出了强烈的关联性。这种关联性的根源在于巴蜀文化的现

[①] 曾国屏，李正风，段伟文，等．赛博空间的哲学探索 [M].北京：清华大学出版社，2002：3.

[②] 董甜甜．互联网时代中华元素的数字化艺术传播研究 [D].南京：东南大学，2019.

[③] 巴洛．赛博空间独立宣言 [N].高亮华，译．科技日报，1998-04-18（4）.

代面貌和文化景观，它们本身就具有与赛博朋克相似的视觉和感知特征。

在巴蜀地区，特别是重庆，独特的山地都市结构巧妙地与赛博朋克风格中的未来立体城市设计相呼应；同样地，巴蜀的传统建筑风格展现出与赛博朋克中复杂东方建筑元素的独特契合；赛博朋克的人体改造与川剧变脸的艺术表现形成了有趣的共鸣；三星堆文物的神秘气质与赛博朋克科幻外星感的交融更为赛博巴蜀注入了独特的文化韵味。

因此，在巴蜀文创产品的设计中，尤其是在以城市景观为主题的作品中，赛博朋克元素得到了直观的体现。这些作品往往聚焦于街区、交通等与景观直接相关的场景，通过具象的符号图形和视觉元素来展现多维城市空间、奇异建筑、古今对比以及高饱和度的霓虹夜景等。在符号构成上，这些设计强调立体感和时空感，同时运用巴蜀传统色彩中的暗调与亮色点缀，成功营造出独特的赛博朋克氛围。

在赛博空间内，专业化的巴蜀文化虚拟社区得以构建，这能够吸引对巴蜀文化怀有浓厚兴趣的研究者、爱好者和学者汇聚一堂。这些虚拟社区既可以承载丰富的巴蜀文化资源库，还可以为成员提供广泛而深入的交流机会，使各成员通过学术探讨、经验分享和文化体验活动，进一步加深对巴蜀文化的理解与认同。

第四节　巴蜀文化的媒介仪式感

一、媒介仪式的概念

媒介仪式的概念最初由美国传播学者詹姆斯·W. 凯瑞（James W. Carey）于 1975 年在《传播的文化研究取向》中提出，他强调了传播在维系社会纽带方面的仪式性质，即传播仪式观；揭示了传播作为将个体集结为共同体的力量的重要性。随后，英国学者尼克·库尔德利（Nick

Couldry）正式定义了"媒介仪式"，即围绕着关键的、与媒介紧密相关的类别和边界组织起来的、形式化的行为，这些行为不仅体现了媒介的核心价值，还深刻反映了媒介与这些价值之间的紧密联系。

1992 年，法国学者丹尼尔·戴扬（Daniel Dayan）和伊莱休·卡茨（Elihu Katz）在《媒介事件：历史的电视直播》一书中提出了"媒介事件"的概念，这一术语特指引起广泛关注的、通过电视直播的历史事件。这种事件不但具有高度的可视性和参与感，而且通过电视的广泛传播，能够让不在现场的观众也感受到事件的紧张和重要性，从而形成一种共同的文化和社会体验。1998 年，埃里克·罗森布勒（Eric W. Rothenbuhler）在传播仪式观的基础上提出了"仪式传播"的概念，这一理论框架涵盖了"作为传播现象的仪式"和"作为仪式现象的传播"两个层面。

二、媒介仪式构建巴蜀形象

在库尔德利的媒介仪式理论框架内，媒介展现了其作为社会话语主导者的地位。媒介通过精心选择并强调特定议题，运用独特的符号力量，为仪式活动打造引人入胜的叙事背景，进而为这些活动设定明确的议程，并构建出独特的仪式空间。这无疑是在无形之中塑造了公众对于相关议题的统一认知。戴扬和卡茨亦强调，媒介具备将具有显著历史和文化价值的媒介事件凸显于公众视野之中的能力，使其超越常规的界限，对公众的认知和态度产生深远影响。

媒介传播渠道呈现多元化趋势，而"临场感"的提升能够进一步激发公众对巴蜀重大文化事件参与的仪式感。各种媒介渠道因其互文性特点而紧密相连，共同构建了一个丰富且立体的信息传播网络。以构筑巴蜀形象为例，各类新媒体平台在重要文化节庆期间，如春节、端午节等，通过打造具有巴蜀特色的自制 IP 节目，以风趣幽默的对话形式和引人入胜的新热点，实现了对用户的广泛触达。这种传播方式有效整合了传统媒体和新媒体的资源，为巴蜀文化提供了新议题。

在巴蜀文化的全球传播与国家形象塑造中，新媒体展现出强大的影响力。这些平台通过精准策略，共同策划和制作有关巴蜀文化的内容并建立仪式感，通过深度报道和专题策划，引导公众对巴蜀文化的关注：在活动预热阶段，新媒体全面营造仪式氛围，精心为活动造势；活动期间，新媒体以全景式和聚焦式的报道方式，全方位展现巴蜀文化的丰富性和独特性。

三、仪式空间符号构建巴蜀形象

借鉴媒介仪式理论中的核心要素——"媒介仪式空间"概念，构建巴蜀符号仪式空间可以理解为精心打造一个能够跨越社会多元领域与地理边界，全面展示巴蜀文化独特魅力的专属空间。这一空间并非仅限于物理层面的存在，更是一个突破地域、通过媒介力量精心构建的虚拟文化场域。在构建巴蜀文化专属的媒介仪式空间时，相关人员应充分利用互媒式叙事手法，构建一个精心设计的符号网络，从而全面、立体地展现巴蜀文化的丰富内涵。这些符号可以涵盖巴蜀地区的历史遗迹、民俗风情、艺术表现形式等多个方面，它们作为巴蜀文化的杰出代表，能够直观且生动地传达出巴蜀文化的独特魅力和深厚底蕴。

在实施互媒式叙事策略时，相关人员可以将这些具有巴蜀文化特色的符号巧妙地融入媒介仪式空间的构建之中。例如，政府部门在举办涉及巴蜀文化的国际性文化交流活动或节日庆典时，可以综合运用多种媒介形式（电视直播、网络实时传播、社交媒体互动等），以全方位的视角和深入的解读，展现巴蜀文化的独特之处。

2023年成都大运会成功举办，位于成都东安湖体育公园的主场馆主体育场的采光顶便设计为以12540块彩釉玻璃拼接而成的壮观的太阳神

鸟图案，成为展示成都独特文化魅力的标志性符号。这一设计不仅体现了高度的艺术性和创新性，更在夜间以其金色的光辉象征了成都的活力和精神。在文化符号的运用上，成都大运会的吉祥物"蓉宝"和火炬"蓉火"同样展现了深厚的文化内涵。"蓉宝"巧妙结合了大熊猫和川剧脸谱的元素，而"蓉火"则融入了太阳神鸟和三星堆青铜立人的设计，这些元素共同体现了成都的历史底蕴和文化特色。成都大运会运动员村的建设同样彰显了巴蜀文化的韵味，通过盖碗茶、大熊猫、老成都竹椅等元素的融入，为运动员和游客营造了一个充满文化气息的生活环境。通过这一国际性媒介仪式空间的构建，成都成功地将自身的文化特色推向了全球舞台，并与国际话语体系进行了有效对接，让国际看见了一个全新的成都。

第七章　多维：巴蜀文博的活态化利用与展演

第一节　巴蜀文博数字化基础建设与管理

数字经济时代已然到来，数字技术已广泛渗透到社会的各个领域，并推动着这些领域的融合与升级。博物馆作为承载人类文明历史的重要枢纽，是一个地区甚至国家文明发展程度的重要标志。在中国，博物馆作为国家公共文化服务的重要构成和社会文化生活的重要领域，是社会主义精神文明建设的重要内容。

近年来，在数字技术的推动和支持下，以博物馆为核心载体的文博领域正在经历着深层次的变革。无论是博物馆为公众提供服务的方式和手段，还是公众的观展行为和需求偏好，都较以往发生了深刻的变化，而这背后都离不开数字技术的支持。毫不夸张地说，数字化赋予了博物馆这个传统行业新的生命力。正因为如此，"数字化转型"日益成为博物馆发展的关键战略主题。

文博数字化主要包括两个层面：一是数字化信息运用；二是博物馆展览。无论从哪个层面进行分析，都无法避开数字信息工程。数字信息工程是博物馆数字化的"基建"。

一、网络搭建

数字信息工程的基础在于网络的搭建，因为它是数据驱动的核心架构。局域网建设是博物馆网络化、信息化建设的基本内容。局域网建设分为硬件平台建设和软件平台建设两大部分。在网络布线工作中需要考虑到博物馆今后网络扩展的可能性，尽量连接到各个部门的办公室和展厅。

二、网络安全

在做好基础的网络搭建工作后，需要思考网络安全问题。网络安全可以从两个方面入手。

第一，网络设备。网络设备及部件是连接到网络中的物理实体。网络设备的种类繁多，且其数量与日俱增。基本的网络设备有计算机、集线器、交换机、网桥、路由器、网关、防火墙、网络接口卡（NIC）、无线接入点（WAP）、打印机和调制解调器等，电源是这些设备正常运行的基础保障。在使用过程中，为防止由于电力系统改造而出现短时间停电或电压不稳定等情况的发生，需要为网络设备配备性能优良的不间断供电系统（UPS）。此外，还要防雷击，要做好设备接地装置及安装有效的防雷保护系统，还要减少设备外露。针对静电、电磁干扰导致网络设备被破坏的情况，要严格遵守各项网络建设规范，不留安全隐患。灰尘的危害也是不可低估的。如果灰尘过多，清理不及时，便会有烧毁芯片的风险。

第二，网络信息安全保护。网络信息安全保护是虚拟空间的另一道防护，具有五大特性。一是完整性，指信息在传输、交换、存储和处理过程中保持非修改、非破坏和非丢失的特性，即保持信息原样，这是其最基本的特征。二是保密性，指信息按给定要求不泄露给非授权的个人、实体，或让其利用的特性，即杜绝有用信息泄露给非授权个人或实体，强调有用信息只被授权对象使用的特征。三是可用性，指网络信息可被授权实体正确访问，并按要求正常使用或在非正常情况下能恢复使用的特征。四是不可否认性，指通信双方在信息交互过程中，确信参与者本身以及参与者所提供的信息的真实同一性，即所有参与者都不可能否认或抵赖本人的真实身份，以及提供信息的原样性和完成的操作。五是可控性，指对流通在网络系统中的信息传播及具体内容能够有效控制的特性，即网络系统中的任何信息要在一定传输范围和存放空间内可控。

三、藏品数据库的建设和管理

在完成基本的网络设施设备建设后，就要进行藏品数据库的建设和管理。在数字博物馆的建设过程中，藏品数据库的建设是至关重要的环节，涉及对藏品信息的数字化处理、分类、标签化以及后续的管理和维护。为了确保藏品数据库的有效性和可持续性，制定统一的数据标准和规范是必不可少的。这些标准应涵盖藏品的描述、分类、保存状态、历史背景等相关信息，以确保不同馆际、不同系统的数据交换和共享成为可能。

博物馆作为永久性向公众开放的机构，其基本职能为收藏、展示和研究。不同博物馆的基础设施建设情况不同，信息系统所需要的软件与硬件设施要求也不一样，在配置和功能方面有所差别，所以在藏品信息管理中容易出现因系统不兼容、程序不匹配而丢失信息等问题。因此，各博物馆在管理过程中需要优化数字管理系统，进一步提高博物馆的数字化管理水平。

要想实现博物馆藏品的数字化管理，管理人员需要从信息技术和藏品管理两个方面入手：在信息技术方面，管理人员应利用现代信息技术，如计算机、多媒体、数据库等，实现藏品的数字化管理；在藏品管理方面，管理人员应关注藏品征集、出入库及账册管理的数字化解决方案，应当重视对藏品出入库的管理，并将其引入藏品管理系统。例如，确定藏品的数量及等级、掌握藏品现状、准确记录藏品位置、做好藏品出入库的记录（包括出入库时间、去向以及原因等），将藏品资料保存完整，确保藏品信息在被使用和查询时具有时效性。此举可以使工作人员不调取实物便可获取藏品信息，能够在很大程度上减少藏品的流通次数，降低藏品的损坏风险，达到保护藏品的目的。

四、对外展示信息系统

对外展示信息系统也是数字化基础建设的重要部分。对外信息展示分为两个部分：一部分是面向互联网的信息展示；另一部分是面向前来博物馆参观的观众的信息展示。由于两种信息展示方式各具特点，所以展示的内容与形式有所不同。在面向互联网的信息展示中，网络用户可以不受时间和空间的限制浏览网上博物馆的信息。在面向前来博物馆参观的观众的信息展示中，可综合考虑一般观众停留时间、感兴趣的内容等，开发制作多媒体导览系统。观众可通过触摸屏检索，以了解自己感兴趣的信息。博物馆还可以开展数字化展览，其内容可以是馆内已有的数字化展示，也可以是虚拟博物馆中生成的内容。

五、办公自动化信息系统

文博数字化的建设同样需要为办公人员服务，办公自动化信息系统可为办公人员提供一个信息管理与信息共享的平台。办公自动化信息系统通过电子化的方式，实现内部信息的快速传递、处理和管理，提高办公效率和质量。随着技术的发展，办公自动化信息系统正面临着新的发展机遇和挑战，包括云计算、大数据、人工智能等技术的融合应用。这些技术的应用将使办公自动化信息系统更加灵活、便捷，实现数据共享和协同办公的无缝衔接，进一步提高办公自动化的智能化水平，挖掘数据价值，为组织提供更加精准的决策支持。

第二节　巴蜀文博的数字化呈现

近年来，各文博单位数字化转型的力度都在加大。在此过程中，需要思考以下问题：如何才能管理好数字博物馆？如何深入挖掘数字博物馆的内涵和价值，使其更好地为社会公众服务？

一、云展览

通过互联网、云计算、大数据、虚拟现实等技术，将文博展品进行数字化处理，构建虚拟展览空间，以实现云展览。例如，上海博物馆的董其昌数字人文展、浙江博物馆的中国古代女性图像云展览等都是云展览。受新冠疫情影响，博物馆、美术馆等艺术空间暂停开放。在此期间，各大博物馆开启"云展览"模式，以满足游客的观展需求。当大量的线上展览出现在面前时，人们需要认真辨别，因为线上展览良莠不齐。目前的线上展览主要分为"云展"与"全景-VR"两大模式。"云展"主要提供展览信息以及展品的图片内容，缺少互动性与真实感。"全景-VR"则通过VR技术还原展览实景，观众可以佩戴VR设备进行观展，从而获得沉浸式的观展体验。不过，VR设备的质量对最终的观展体验有着直接影响，不同质量的VR设备可能会导致观展体验的差异。

成都金沙遗址博物馆推出了云观展平台，市民搜索"金沙遗址博物馆"微信公众号，点击菜单栏的"线上观展"就可以进入"云观展平台"。这一平台集VR精灵导览、云展览、3D文物、音视频、直播和H5网页于一体，观众不仅可以对金沙遗址博物馆进行全方位、立体化的了解，还能回顾其举办的"文明的万花筒——叙利亚古代文物精品展""回望长安——陕西唐代文物精华展""七宝玲珑——来自喜马拉雅的艺术珍品"等十多个特展。当观众进入 VR 虚拟展厅进行游览时，一位专属的 VR 精灵已在此等候。VR 精灵名叫"小金"，它像人工讲解员一样，不仅可以进行全程陪伴式讲解，讲述 21 处精华文物和场景，展示文物的图文资料、视频动画和三维模型等多媒体资料，还可以与观众互动，回答观众的提问。金沙遗址博物馆通过 VR 数字展厅、手绘、文字描述、图片、音频、视频和三维模型等丰富的内容，打造了"永不落幕"的金沙特展。值得一提的是，除了线上游览，观众还可以将喜爱的 3D 文物放置到任意照片上进行自由创作。

中国国家博物馆文物活化利用新成果——中华文明云展成功孵化，此次上线的展览以"古代中国"基本陈列夏商西周时期为主要内容，由我国博物馆界首个数智人"艾雯雯"担任导游，引领观众沉浸式观展，观众可以选择"自由参观"和"重点讲解"两种导览路线。与金沙遗址博物馆使用的 VR"小金"不同，数智人"艾雯雯"集成了多种先进技术，包括数字孪生、三维建模、语音合成、动作及表情捕捉等。她的形象设计凝结着中国国家博物馆馆藏古代服饰的研究成果，素雅襦裙，红色丹脂点唇，尽显汉代女子的温婉。此外，"艾雯雯"还具备超强的自学习、自适应能力，能够不断更新、丰富自己的知识库，为观众提供精准的讲解服务，而其背后支撑的则是高速网络、算力和大模型创造的超级大脑，以及亚毫米级超写实人脸重建、人脸拟合、3D 人体建模等技术。博物馆数智人可以说是博物馆数字化成果的一个集中体现。随着技术的发展，数智人已能做到形象逼真美化、交流自然亲切、沟通多维有效、场景适应性强，越来越能满足游客、观众不断提高的审美要求。在"AI+5G"的加持下，数智人的蓬勃发展刚刚拉开序幕。当前，数智人技术主要应用于云端展览领域，随着技术的不断成熟与创新，数智人将逐步渗透并广泛融入现实博物馆的运营与管理中，为观众带来前所未有的互动体验。

二、数字信息辅助传统观展

若论及在博物馆实体空间的数字化展览，则不仅仅是信息化的组织编辑，还是在物理空间中融入数字技术，提供一种全新的互动体验。现今人们在文博实体空间里看到的数字化运用大致分为以下几种。

（一）电子票务系统

传统售票系统往往依赖人工操作和实体票据，效率低下且容易出现排队等待的情况和人为错误。相比之下，各大博物馆所采用的数字化电子预约售票系统则展现出极大的优越性。以金沙遗址博物馆为例，该博物馆通过网络平台实现全程电子化、自动化和网络化管理，游客可通过官方网站、移动应用程序或第三方 OTA 平台提前预约购票，这极大地提升了购票效率，有效避免了现场排队的困扰。同时，电子支付技术的应用使得支付过程更加便捷、安全。在检票环节，金沙遗址博物馆引入自动通道闸机，通过扫描电子票或二维码，快速验证门票的有效性，显著提高了检票效率，减少了人为错误，降低了漏检的可能性。更为重要的是，数字化电子预约售票系统通过网络连接售票平台、通道闸机和后台管理系统，实现了数据的实时共享和交互。通过对相关数据进行分析，博物馆可以精准掌握游客流量、参观行为等信息，为精细化运营管理和资源调配提供有力支持，从而进一步提升服务质量和参观体验。

博物馆区块链数字门票系统也应运而生，此类技术因为各种条件还处于初步发展中。2023 年 4 月 28 日，陕西历史博物馆数字文博平台"华夏宝库"与西安宝鸡青铜器博物院联合推出全国首款博物馆区块链数字门票系统。该数字门票系统实现了线上门票预约、收藏、鉴赏、转赠等多种服务功能。同时，运用数字化技术推动两家博物馆馆藏文物的数字资源实现共享，促使文化传播更为便捷、内容更为丰富与立体。作为平台为宝鸡青铜器博物院打造的系列主题数字文创产品之一，本次发布的"宝鸡青铜器博物院数字门票"与"（弓鱼）国宝剑"数字纪念票，设计内容均源自宝鸡青铜器博物院馆藏文物"西周带鞘短剑"。数字门票票面可生成姓名、入馆参观时间等个人信息，打造属于每一位参观者的专属收藏。至此，门票不再仅仅是进入园区的凭证，还被赋予了相应的价值，也就是所谓的"赋能"。

除此之外，优化票务系统还能使客流调控更加精准，这要求构建更加广泛与深入的跨部门、跨行业联动机制，强化信息共享与合作服务。以秦始皇帝陵博物院的数字化建设为例，该博物院与交通管理部门、航空、铁路、旅行社及酒店等多个行业深度合作，共同构建高效的联动管理体系，有效应对节假日等高峰时段的客流压力。具体而言，该博物院通过实时向交通管理部门提供详尽的票务数据，支持其对进入景区的车辆实施精准的分流措施，这一调控策略自高速公路收费站便开始执行，有效缓解了周边道路的交通拥堵问题。该博物院还充分利用机场、地铁等交通枢纽的客流密集特点，在这些场所推送票务信息及参观指南，借助多元化的渠道广泛传播，积极引导游客提前规划行程，并实施预约参观制度。在游客订票流程中，博物院亦会实时发布景区客流信息，确保游客能够基于最新数据做出合理的参观安排。秦始皇帝陵博物院的票务系统升级在数字化转型中的呈现，为同类型景区提供了宝贵的实践经验与参考。

（二）客流分析系统

当代社会，博物馆正日益受到公众的高度重视，参观博物馆的群体规模显著扩大。用户购票后，智慧室分系统可以通过通信模块检测接入用户设备的通信状态和 ID 信息，统计实时客流量。该系统还可以结合游客的位置信息在数据分析平台生成游客游览的热点区域，从而分析游客的喜好，形成游客画像。游客数据库的建立可以帮助博物馆为游客提供更精准的服务信息。

（三）综合管理平台

综合管理平台可以通过电子票务系统和客流分析系统进行数据整合，实时对用户行为信息、全馆智慧场景数据进行展示，提供多样化数据报表，使管理者能够通过"一张图"知晓博物馆的运行情况，实现数字化管理。用户端提供预约量、当前在馆人数、全年在馆人数、当前天气、场馆推荐展厅、场馆推荐展览、本周预约趋势等用户信息，管理端展示当前在馆人数、某时间段预约人数、到馆人数、设备运行情况、设备报警情况、网上商城订单趋势、云端资源访问量、数字馆藏数量等管理信息，并进行实时监控。位于四川成都的成都博物馆，智慧综合平台已在实验运行中，该平台通过先进的物联网、大数据及云计算技术，实现了对用户行为信息与全馆智慧场景数据的实时展示与分析。游客在踏入博物馆前，即可通过官方App或小程序获取详尽的用户端信息，包括今日预约量、当前在馆人数、全年累计参观人数，以及根据实时天气推荐的参观路线和热门展厅（如"古蜀文明"特展）、本周热门展览（如"巴蜀书画艺术精粹"）的预约趋势，帮助游客合理规划行程，提升参观体验。在管理端的成都博物馆工作人员依托这一平台，能够清晰掌控各时间段预约人数与到馆人数、关键设备（如恒温恒湿展柜、智能导览系统等）的运行状态及任何潜在的报警信息，确保了文物保存环境的稳定性和游客服务的高效性。同时，平台还实时监控着网上商城的订单趋势，为文创产品的销售提供数据支持。与其相关联的云端资源访问量的统计也能反映博物馆数字化内容的受欢迎程度，助力内容创新与推广。

（四）智能导览系统

博物馆最传统的导览模式是人工导览。人工导览的最大优势体现在能灵活解答参观者的疑问，随时可以与参观者进行面对面的互动交流。但是在管理方面，博物馆需要成立专门的讲解部门，统一对讲解人员进行专业培训，培训合格后才能为参观者提供讲解服务，这个过程对博物馆的人力资源消耗很大。另外，在讲解的过程中，通常是一位讲解员同时为多名参观者提供服务，讲解人员难以考虑每一位参观者的心情和感受，讲解效果也会因周围的嘈杂环境而大打折扣。目前电子导览机已经被国内各大景区、博物馆普遍使用，其内置多国语言和讲解版本，参观者可以根据自身需求选择适合自己的电子导览机进行自助导览。尽管电子导览机给参观者带来了方便，但这类导览方式相对死板无趣，需要博物馆花费大量的财力去采购专业设备，并且需要成立专门部门对电子导览机进行管理和维护。

在当前的情境下，手机智能导览系统展现出了无可比拟的卓越性和强大的优势。以四川博物院微信公众号为例，四川博物院作为中国西南地区最大的综合性博物馆，院藏文物达35万余件，涉及青铜器、石刻、陶瓷、书画等门类，承载了巴蜀地区光辉灿烂的历史文化。考虑到博物院实际场地面积和院藏文物的安全、养护等因素，常年展出并真正能够让观众看到的文物只有3000多件，仅占到文物收藏量的1%。换句话说，99%的文物常年被搁置在库房里，人们只能看到巴蜀文化遗产的冰山一角。四川博物馆利用微信自身体积小，不占用过多手机内存，具有语音消息、视频通话、朋友圈等实用功能，高度贴合现代人的生活习惯等优势，建立了官方微信公众号，并设置了语音讲解、攻略和活动三大内容板块。语音讲解中设置了四个子级内容。同时，微信公众号中还设置了VR真人讲解功能，该功能巧妙融合了虚拟现实技术与专业讲解员的精彩解说，可以让游客获得沉浸式、生动且详尽的观展体验。这一功能可以介绍每件展品的历史背景、制作工艺及艺术价值。游客只需关注微信公众号，选择对应展览，即可享受这一服务，随时随地沉浸在文化的海洋中。

不仅如此，AI智能导览系统也逐步上线，游客可通过微信扫描展品前的二维码，在授权后，系统会根据注册用户性别、年龄提供个性化讲解。通过这种方式进行导览可以让游客的体验感更好，使博物馆具有竞争力和吸引力，多维度展现文化魅力。

三、多维感官数字化线下展览体验

博物馆可通过数字化手法为游客提供独特的线下展览体验。例如，博物馆可利用影视级 3D 数字技术再现历史场景，让文物"活"起来，吸引游客前往线下打卡。

从 2016 年起，三星堆博物馆先后开展了三期文物数字保护项目。从早期的移动平台"云直播"，逐渐扩展为更加多样化的文物数字资源的二创展示，从严肃的文物中具象出更加鲜活的形象，真正让文物"开口说话"，再现古蜀文明神秘面纱之后的绝美面容。例如，在 2024 年 5 月 23 日举办的第二十届中国（深圳）国际文化产业博览交易会上，四川展馆向公众展示了其创新的 XR 超高清沉浸式体验空间。该空间模拟了博物馆展厅环境，通过运用逼真的三星堆文物复制品与前沿的超高清技术，观众无须佩戴任何辅助眼镜，即可享受到仿佛置身于真实三星堆遗址的 VR 体验。数字技术正逐步改变着人们观赏文物的方式。那些静默于博物馆展柜中的三星堆青铜器、金器、玉器等珍贵文物，其不易被察觉的细节，包括表面的凹凸纹理、细微划痕，乃至岁月留下的锈迹，均通过数字技术的精准记录与高清放大，得以生动展现，使观众仿佛能够触手可及。这种前所未有的观赏体验，不仅带来了视觉上的震撼，更深刻地让人感受到时间在这些器物上刻画的斑驳痕迹与时代变迁。那些曾经给人以冰冷印象的青铜器，在数字技术的赋能下焕发出生命力。

三星堆博物馆还通过创新尝试，推出了《三星堆——沉睡数千年 一醒惊天下》裸眼 3D 视频。在此视频中，青铜神树上最神秘的"第十只鸟"，以粒子的形式围绕神树盘旋，随着镜头的纵向拉伸，三星堆博物馆静谧且壮观的全景画面得以显现。视频运用三维视效动画、国际化粒子特效、骨骼绑定等数字化手段，将三星堆17件精选文物串联起来，形成一场跨越时空的文明之旅。

2024年7月，"遇见古蜀"三星堆沉浸式光影艺术展在重庆两江新区京东方创新中心展厅开展。该展览以"光影＋实物"的方式复原古蜀时期的人文生活场景，为观众呈现了一个立体而又奇幻的三星堆世界。本次展览通过大型场景模拟，展示了古蜀人的祭祀文化。在体感交互环节，观众通过定点识别可以生成自己的古蜀人体态镜像，自己的身体摆动，对应的古蜀人也会随之摆动，仿佛现代人与古蜀人跨越时空在交流。该展览的重头戏是光影大秀——"梦回古蜀"打造了一个数字化光影空间。其以"蜀·魂、蜀·迹、蜀·现、蜀·祭"为叙事脉络，把3000年前的古蜀文化与生活场景立体化、艺术化地展现在观众面前。

随着技术的不断成熟，对AR/MR技术的熟练应用将增强虚拟内容在实践环境中的匹配度，并提升实践内容在虚拟环境中的表现力。在文化遗产数字展陈场景中，MR终端可实时收集终端使用者看到的博物馆展陈数据，并经过算法实时叠加虚拟图像，为文化遗产数字化增添更多交互与虚拟体验内容。

传统静态文化遗产展陈游览的体验日益固化，而开展"三星堆MR导览'古蜀幻地'"项目有助于解决这一问题。该项目由三星堆博物馆携手一家科技公司共同开展，观众佩戴MR眼镜后，即可进入一个虚实交织的奇幻世界，亲身体验全球首部MR导览电影《古蜀幻地第一章——青铜神树》带来的震撼。该电影以三星堆标志性文物——青铜神树为核心，构建了一个充满神秘色彩的古蜀文化场景，让观众仿佛穿越时空亲历古蜀国的祭祀仪式与爱情故事。

截至目前，巴蜀地区的数字文博已经成功跨越国界，迈向国际。在法国巴黎卢浮宫卡鲁塞尔厅，一场名为"ROTOR"的当代艺术展掀起阵阵"中国风"。该展览以数字化影像的形式将我国博物馆珍贵的馆藏文物与AI技术相结合，展现出历史与现代、传统与科技的创新风格，引来各界广泛关注。该展览展出了 10 件中国文物的数字化影像作品，包括四川广汉三星堆博物馆的青铜面具、四川绵阳市博物馆的摇钱树、四川资阳市博物馆的铜车马、四川成都永陵博物馆浮雕"二十四伎乐"等。"古物有灵"是此次展览作品的创意主题，策划者通过 AI 技术创造出一位名叫"繁星"的数字守艺人，用拟人化的方式来实现文物"活化"。比如，三星堆遗址出土的青铜面具通过 AI 技术演绎，使得神秘诡谲的古蜀国有了鲜活场景；四川绵阳市博物馆的摇钱树在科技助力下，让观众看到东汉时期四川人的精神世界；四川资阳市博物馆的铜车马昂首挺立，再现"中国汉代第一车"的磅礴气势；四川成都永陵博物馆的"二十四伎乐"则让魅力古乐响彻浪漫巴黎。

第三节 巴蜀文博的沉浸式传播

数字技术与博物馆的结合是时代发展的必然趋势，数字技术的出现增强了博物馆的信息传播能力，对于博物馆的建设是一种补充手段。相较于传统博物馆，数字博物馆具有丰富的传播手段、多样的传播渠道、满足个性化需求等优势。但是传统博物馆并不会因此被取代，数字博物馆的建设也离不开传统博物馆。传统博物馆的信息传播局限于文化展示的空间当中，只能获得有限的信息，而在数字技术所建构的虚拟空间当中，可以实现信息的有效延展，并将信息内容与人们身体的感知相融合，这就是沉浸式传播。

一、沉浸式传播概述

目前博物馆的沉浸式传播集合了新旧两种媒介形态，既有原来的文物展出形式，又兼容了结合虚拟现实技术的新的布展形式，这些媒介内容共处于一个大的媒介空间当中。网络虚拟博物馆通过构建虚拟空间，为受众带来沉浸式体验，其实质是对传统实体博物馆展示空间的去魅，打破了时空界限，能帮助更多的普通民众了解文化遗产。

在各个展览中，丰富多样的媒介被嵌入周围的环境当中，成为环境的一部分，环境与媒介互为彼此。在博物馆的沉浸传播展区当中，人们被各种信息所包围，在潜移默化中接收着各种信息。沉浸传播模式还是一个开放的系统，在这个系统中，一切人、事、物都是彼此相连的，人们不再受到边界的束缚。每个传播节点既吸纳着各种信息，也在不断向外传播。在数字博物馆中，开放的传播形态使得人们能有选择地获得历史时空中的信息，从而对于文物展品获得更加深刻的认知。在这样的信息网络当中，无所谓中心与边缘。每个人都是信息的接收者和创造者，人们在信息的获取与创造中获得沉浸式体验。目前数字博物馆沉浸传播的信息呈现主要反映在信息的视觉形态方面。全景视频、全景图像、全程直播等形式，对场景进行了全方位的展示，大量的沉浸式内容动态地呈现在用户的面前。数字博物馆中的沉浸传播是以受众为主导的传播形式，人们有选择性地观看传播的内容，也可以根据个人意志参与信息的生产。在此之中，传播媒介的屏幕作用逐渐弱化。动态画面所营造的虚拟环境，使得用户更容易参与传播过程，并沉浸在没有边界的时空当中。数字博物馆的沉浸感建立在个人、沉浸媒介以及环境共同作用下的虚拟与现实相结合的空间当中。在这个空间中，每一件展品都代表着一个故事，故事围绕着沉浸者展开。为了满足受众个性化的需求，围绕不同的受众，博物馆可以展开不同的叙事，拥有相似叙事路径的受众可以进行更加深入的交流。

在数字博物馆中，数据终端无处不在。嵌入在场景中的传感器，可以根据人们的需求精准植入其所需的链接，点击即可跳转到另一个场景当中，实现从遥在传播到泛在传播的跨越。当媒介与受众实现了融合，这种"沉浸"的感觉就会深入人心，真正实现现实与虚拟世界的交织。在数字博物馆中，数据收集、发送、反馈随时进行，大大提升了人们的认知效率。受众在数字博物馆参观体验时，也会成为数字博物馆的一部分，成为传播的介质，人既是传播的主体，也是传播的内容。沉浸式传播的特征决定了其"以人为中心"的传播模式，转变了以往传播过程当中以信息为中心的传播模式，受众与媒介、环境融为一体。这种"沉浸式"的感觉由内心生发，再通过媒介回归到人们的心里，进而将自身与媒介融为一体。信息为人们提供服务，提供人们所需的内容。在数字博物馆的沉浸式传播中，受众成为传播的主体，媒介技术的发展使得人与人之间的联结更加紧密，实现了时时刻刻、无处不在的交互。体验是沉浸传播不可缺少的重要环节，人们在传播的过程当中也在体验，人们沉浸在所处的场景当中，并积极与他人进行互动。在泛在传播当中，用户成为"沉浸人"，成为传播的偏向和依赖。沉浸人集传播的多种维度于一体，因此对其体验的形式以及体验的感觉产生了一定的影响。

二、巴蜀文博沉浸式体验

由四川广汉三星堆博物馆官方授权的《奇遇三星堆》VR 沉浸探索展，将中国文化历史 IP 与现代科技相融合，让游客通过 VR 头显装备，置身于神秘的古蜀王国之中，跨越时空与三星堆相遇。该展共设有 5 幕主线任务，多达 20 项剧情体验。游客可以乘坐"肥啾啾"探秘古迹，近距离欣赏青铜跪坐顶尊人像、纵目面具等三星堆文物，也可以进入古蜀人的工作区，学习青铜器、玉器的制作，还能参加盛大、神秘的祭祀典礼，感受神话传说中的华夏文明之光。该展览的亮点在于其极致的沉浸式体验，在这里，游客不仅能够泛舟于蜀地月亮湾河畔，感受河风轻拂，还能在萌趣可爱的 AI 科技风精灵面具的全息讲解下，深入了解三星堆的历史与文化。随着展览的深入，游客将在 NPC 向导的带领下穿越祭祀坑，跟随神鸟体验奇幻飞行，近距离观赏并感受三星堆文物的雄奇精美，尤为值得一提的是，《奇遇三星堆》还通过巨人视角让观众能够俯瞰古蜀大地。最后一幕"祭典同行"，观众将乘坐虚拟电梯前往古蜀国祭祀典礼现场，与古蜀人共同礼敬天地，见证文明之火相传不息。这种身临其境的祭祀体验让观众深刻感受到了古蜀文明的神秘与庄严。

三星堆在发展沉浸式观展的道路上从未停歇。历经三年策划，两年拍摄，三星堆数字展"邂逅三星堆——12K 微距看国宝全球巡展"在北京 751 巨幕光影馆启幕。该展览以三星堆文化为主题，以 12K 数字科技为手段，实现展品和观众的深度融合。通过"触梦、邂逅、灵动"三个部分，展示 12K 超高清文物数字影像、三星堆考古发掘历程以及国内外艺术家创作的三星堆文化主题当代艺术作品，运用科技、音乐、绘画等多种表达方式和传播手段，为观众提供互动式、体验式、沉浸式文化体验。本次展览在超高清巨幕呈现的基础上，重磅推出全球首个 VR 三星堆遗址考古舱，观众在展厅可以通过虚拟场景"走进"三星堆考古大棚漫游考古坑，"零距离"接触三星堆考古新科技，体验做三星堆考古人的乐趣。此外，观众还可以与远在千里之外的三星堆对话，欣赏中外知名艺术家的灵感之作，参与丰富多彩的互动体验，把精美的三星堆文创产品带回家。

三、"无文物"沉浸式展览

在传统博物馆中，各类文物是博物馆陈列的基石。博物馆所陈列的不仅仅是一个个老物件，还是一个时代的历史，一个民族的传承，一种文化的延续，一种理念的传达。这些都是无法用一个确定的物体所体现的。在缺乏实物基础的情况下，要想让展览有内容、有内涵、有吸引力，就要运用科技创新。就目前来说，博物馆陈列与科技的融合日益加深，科技已成为博物馆陈列的重要因子，利用科技平台，将大量关联信息存储备览，或制作成影像播放展映，不失为一种简约、高效的展示方法。"无文物"的展馆正在逐步走进大众的视野，为人们带来超强的体验感。

　　成都的 ARTE 全沉浸式美术馆是成都规模最大的沉浸式数字艺术美术馆。在其近 5000 平方米的展示空间内，呈现了 11 组融合天府之国独特自然文化风貌的数字艺术装置，引领观众参加一场视觉、听觉乃至嗅觉的全方位盛宴。该展览以"永恒的自然"为主题，通过前沿科技手段，将令人惊讶的视觉奇观、震撼心灵的音效设计以及细腻入微的香氛体验无缝融合，共同编织出一幅幅壮阔的自然画卷。

　　"建发·三体沉浸式艺术展"则把神秘的三体世界带入了现实。该展览以《三体》系列小说为蓝本，真实还原了《三体》故事中的 13 个场景，其中包括三体起源、质子展开、末日战役、黑暗森林等 7 大主场景，以及幽灵倒计时、物理学不存在、无限镜、脑电波等 6 个彩蛋，场馆总面积达 2500 平方米。

　　"无文物"沉浸式博物馆展现出无限的发展潜力与多样化的创新路径，其特性与文博的传播目标高度契合。然而，目前该技术尚处于演进阶段，即便广泛搜集资料，也鲜见巴蜀地区存在此类沉浸式博物馆。故宫博物院已成功实践并推出了多个沉浸式展览的成功案例，为巴蜀地区乃至全国范围内博物馆行业的创新发展提供了宝贵的借鉴蓝本与实践参考。

　　故宫博物院在数字化建设方面做出了许多尝试，如"故宫腾讯沉浸式数字体验展"。此展览是以故宫博物院的文物数字资源库作为来源，利用 AR、裸眼 3D 等科技手段再现文物，使观众获得良好的观展体验。为打破展品与展览场地的限制，团队运用数字化手段，将故宫文物展览灵活"搬运"到距离故宫博物院 2000 千米外的广东深圳。在故宫文物展上，"倦勤斋"实现了首次线下数字化复原，倦勤斋是乾隆皇帝为自己归政后专门修建的居所。在展馆中，通过数字复原和数字动效，360度还原了倦勤斋的现实场景，观众可以通过 AR 近距离观看乾隆时期的百年戏台，并且场馆内还设置有音乐全景声，带给观众沉浸式的游览体验。故宫最大的裸眼 3D 文物展也在深圳展出，此裸眼 3D 屏幕高达 5.3

米，可以达到 22 倍高清的放大效果，观众可以直接近距离观察到文物的细节，这样既保护了文物，也优化了观众的游览体验。展览的另一个部分"锦绣世界"，使用 LED 屏幕展示文物。为了向观众更加生动、具体地传播传统文化知识，团队设计了"'纹'法自然"展项。该展项在 14 米 ×12 米的椭圆形空间中，安置了一个直径达 5.5 米的"瓷盘"装置。通过全包围的沉浸投影技术，呈现出丰富多样的文物纹样。以"粉彩鹭莲盘"为例，展览提取了文物上的莲花和鹭鸶纹样进行三维立体化，模拟它们在自然界中的真实状态。观众走入展厅会看到鹭鸶展翅绕场飞过，落入"瓷盘"之中，盘中莲花随之绽放，轻轻摇曳，最终定格成文物的原貌。大盘四周配有 4 台 Leap Motion 体感控制器，观众在 LED 屏幕上触摸文物的时候，屏幕上会出现文物上面的精美动态纹理。这里使用了万花筒的折射原理，把纹理镶进几何图形中，就可以呈现跟万花筒一样的效果，展现纹理的魅力。观众挥手互动还会看到莲花绽放。展览通过这样的创新展示，让观众在美的体验中了解中国传统纹样"师从自然"的创作方式。

此外，"画游千里江山——故宫沉浸艺术展"通过"科技＋文化"的创新结合，为"中国十大名画"之一的《千里江山图》注入源源不断的科技活力，光影流转间的数字艺术体验，演绎宋代青绿山水巅峰之作。此次展览的灵感源于北宋画家王希孟创作的《千里江山图》。观展前，阵列式的山形数字雕塑跃然眼前，预示着一场通往千里江山数字孪生之境的旅程即将开启。走进如梦似幻的"梦回千年"展区，环形激光营造出良好的光影氛围，时间的屏障仿佛被打破，穿越回画境的千年时空通道在眼前铺陈开来，游客仿佛置身于画境之中，千年前的一抹青绿幻化为千年后的山水奇境。徜徉其间，品读山间四时美景，高崖飞瀑近在咫尺，屋舍长桥触手可及。刹那间，这一理想世界的缩影又幻化为一场声、光、影完美交融而成的"律动江山"感官盛宴。在"绘染千山"部分，游客可以根据自己心中所想在触摸屏上挥毫千里、手绘江山，触碰被晕染得青翠欲滴的山水之色，如若在画中遨游，感受随着触碰而晕染的青绿山水，体会绘染千山的奇妙意境。在"心相山水"中，游客可以在触摸屏上自由拼绘《千里江山图》的构成元素，随心组合出属于自己的印章，印在创作好的画中一角，构建出自己心中的千里江山之景，扫描二维码之后，就可以在手机中保留这一方专属的山水世界。馆内还引入了一项创新设计——"气味记忆"系统，使沉浸式体验从感官层面进一步拓展至嗅觉维度。该系统通过人脸识别技术与情绪分析算法，精准捕捉参观者的面部表情，进而推断其当时的情绪状态。基于这一分析，系统会自动释放与当前情绪状态相匹配的香气，营造出高度个性化的感官环境。值得一提的是，这一系统能够实时发现情绪变化，确保香气体验与参观者的情绪状态同步更新，从而增添体验过程的趣味性。

我国其他地区的博物馆亦展现出积极的态度，创新性地实施了沉浸式展示策略。相比大多数以陈列众多历史悠久的展品为主要展出方式的博物馆，张之洞与武汉博物馆的实物藏品并不多。更多时候，它是通过影像、声音、书籍和令人耳目一新的设计，链接过去、现在和未来。其利用投影技术呈现了一场虚拟的张之洞主题研讨会，视频里有五位武汉高校的历史学家和一位文史专家。展馆中央布置了一块大型的 LED 地屏，人们可以站在上面，以上帝视角俯瞰整个城市的历史演变。此外，展馆内还布置了 24 台老式电视屏幕，通过这些充满时代感的旧物件，生动展现了张之洞当年对武汉城市建设的卓越贡献，以及这些设施如今在武汉城市中的现实风貌。为了增强参观者的互动体验，展馆还特别利用一个角落设置了互动环节。当参观者站在任何一个发亮的地标上时，屏幕上与之相关的内容便会亮起，并传来对该地标或相关人物的评价声音，从而加深参观者对张之洞的了解。

随着时代的快速发展，博物馆陈列正逐渐从依赖实物转向依赖科技，这为博物馆呈现更加丰富、生动的展览提供了新的可能性。尽管实物在陈列中的地位不可替代，但科技的运用无疑为博物馆带来了全新的活力和创意。通过数字化技术和多媒体手段，博物馆得以突破实物匮乏的限制，将珍贵的文物和历史故事以更具吸引力和沉浸感的方式呈现给观众，使得观众能够以更加深入、全面的方式了解历史与文化。科技与实物共同构建了更加丰富多彩的博物馆体验，为文化传承和历史教育注入了新的活力。数字技术正在深度融入时代的文化表达、艺术创作、文旅消费与情感共鸣，其应用前景日益广阔。通过实体物理空间与虚拟数字空间的跨界融通，可以生成虚实共生的沉浸式博览体验路径。

第四节　巴蜀文博的数字化发展

一百多年来的世界经济变革与社会结构调整让位于蒸汽、电报和互联网时代，为博物馆的发展带来新的挑战和机遇。伴随着 5G 移动互联网、AR、VR 等数字信息技术的逐步成熟，博物馆的内容传播形式发生了巨大的变化，开始向着数字化方向发展。然而，文博数字化并非易事，其主要是指文博单位将现代数字信息技术引入博物馆的收藏、研究、展示、教育、传播和管理等各项工作中，以提升博物馆工作的效率和水平的过程。故此，"数字化"是一个转型的过程，它在不同的技术时代背景和发展阶段下体现出不同的特征、冠以不同的名称。也就是说，无论是信息化、数字化、智慧化还是数智化的发展，都统一在广义的"数字化"概念之下。

一、文博数字化发展历程

回顾文博的数字化发展历程，可以分为三个阶段：藏品管理信息化、场馆和内部管理信息化、全面数字化或智慧博物馆阶段。

自 20 世纪 60 年代以来，随着数字技术跨行业应用的广泛成功及其成本效益的显著提升，全球范围内的博物馆与档案机构深刻洞察到其在优化藏品资源管理效率、深化文物科学研究及拓宽文化传播渠道方面的巨大潜力，因而经历了一场由新技术驱动、持续演进的变革。

新技术的推广与应用，往往伴随着初期的质疑与挑战，不少机构对于这一未知领域的介入持审慎态度，忧虑文物数字化可能会削弱实体参观的吸引力，影响藏品的真实质感，乃至对学术研究产生一定影响。然而，这些顾虑并未阻碍技术进步的步伐，反而促使博物馆界积极探索新颖、高效的观展模式与多元化的信息呈现手段，从根本上重塑了收藏、研究与展览的范式，为观众带来了前所未有的体验。

回溯至技术萌芽时期，全球博物馆与艺术机构几乎同步开启了文博数字化的初步探索。纽约大都会艺术博物馆于1967年引领潮流，建立了"博物馆计算机网络"（MCN），故宫博物院则在1997年通过数字化手段对文物藏品进行了系统性记录与展示，这些举措标志着对当时尚显前卫的数字技术的勇敢尝试。这些数据库的构建，不仅有效弥补了传统展览、研究与保存手段的不足，还极大地促进了展览内容的精准传达与广泛传播，为多方信息资源的无缝共享奠定了坚实基础。

随着三维扫描、建模、动画渲染等技术的飞速发展，文物的数字化记录达到了前所未有的精确度与逼真度，博物馆与观众共同见证了展览形式从单一向多元化、从静态向动态演变的深刻变革。以2010年上海世博会中国馆展出的动态《清明上河图》为例，该作品巧妙融合中国古典艺术瑰宝、三维动画与巨幕投影技术，生动再现了宋代社会的风貌，引发了公众对文物活化展现形式的浓厚兴趣。这一趋势标志着文博数字化正式步入"动态开发"阶段，开启了文物保护与文化传播的新纪元。

二、巴蜀文博数字化发展方向

目前的文博行业正在从数字化走向深度数字化，积极构建文博行业"全生命链条"的数字化。但在推动数字化发展的过程中，仍然存在一些问题，特别是在疫情的冲击下，世界博物馆的面貌悄然改变，技术大踏步走进博物馆，"文化＋科技"持续加速。纵观近年来文博数字化的发展历程、成果和面临的困境不难发现，"共享"一词被越来越多地提及，它不仅是指导文博数字化的一个重要理念，更是整个行业数字化能够快速发展的一个原动力。文博数字化的"共享"既包含资源共享、技术共享、理念共享，也包含行业之间的优势共享。

首先是资源共享。在数字时代来临之前，博物馆提供给公众的共享内容多是实体的，如文物资源、主题展览、教育活动等。现如今博物馆共享的内容还包含数字资源、数字文化服务，而公众也更加重视文化体验。博物馆的公益属性决定了其社会普惠的使命，数字化资源共享是博物馆使命在新时代背景下的延展。博物馆的文物因其独特的保护需求与敏感性，确实无法无限制地向公众全面开放，但在遵循既定规则与标准的前提下，可通过数字技术实现文化遗产的数字化保存、传播与利用。

以"数字故宫"为例，其在创新、协调、绿色、开放、共享的新发展理念的指导下，实现了文化遗产永久保存和永续传承，加强了对中华优秀传统文化数字资源的利用与开发，提高了博物馆智能化管理水平和服务效能。在这个语境之下，"共享"是让所有人享受社会发展的成果。故宫博物院对数字资源共享的探索是始终持续并不断深化的。2019 年 7 月，故宫博物院数字文物库正式上线，涵盖 26 大类文物，超过 186 万件 / 套文物基础信息，5 万张精选文物影像，满足大家博古赏新、学习研究的需求，后续还将不断增加。据故宫博物院数字与信息部主任苏怡介绍，故宫博物院是先将这种开放共享的机制建立起来，然后再持续丰富共享的资源，这样才能最大化发挥"共享"的作用。在这个过程中，故宫博物院也会根据收集的观众反馈及需求，开展后续"共享"的工作，以此为学界研究和公众欣赏带来便利。

其次是技术共享。构建技术共享机制，旨在促进已有数据资源的最大化利用，有效减少资料收集与数据采集过程中的冗余劳动及成本开支，并把重点放在新型应用程序的开发与高效系统的集成上。近年来，文博领域在数字化进程中积极践行数据共享理念，进行了诸多探索与实践。

巴黎圣母院修复项目构建了一个全面的"数字生态系统"，该系统深度融合了数字制图技术、高级可视化软件、虚拟现实及云计算技术，成功塑造了一个高度仿真的"虚拟孪生"圣母院模型。此项目会聚了学者、雕塑艺术家、建筑设计师及编程专家的智慧，共同研发出一种交互式模拟平台，实现了在不干扰实体建筑的前提下，对大教堂进行全方位的虚拟复原与探索。这种开放且可重复使用的数字生态系统，让围绕文化遗产的跨学科合作步入新阶段，构建起一座融合多领域知识与技能的"知识大教堂"，推动文物保护与研究向更加深入、全面的方向发展。

当"数字生态系统"正式上线并广泛开放后，其对全球文化交流与传承的促进作用是深远的。这直接预示着全球人民都可以加入该系统中，共同构建并上传世界各地的数字化模型。不难想象，人类文明数字博物馆已然不再是一个遥不可及的梦想。

更为重要的是，该系统允许用户在既有信息基础上进行创造性改造与创新，为古老的文化遗产注入新的活力与想象。从文化传播的视角来看，它促进了全球文化的无缝交流；在文化保护层面，为濒危文化遗产提供了数字化备份与长期保存的可能；在文物保护方面，通过科技手段辅助修复与监测，提升了保护工作的效率；在文化创新维度上，更是激发了前所未有的创意火花，为文化产业的繁荣发展开辟了新路径。作用于巴蜀文博，无论是古老的三星堆遗址、神秘的巴蜀图语，还是独特的川剧变脸、精美的蜀绣工艺，都能在这个虚拟世界中焕发新的光彩。

再次是理念共享。"NFT""元宇宙"等时下热词在论坛频现，并已经在博物馆中应用开来。数字资源的共享，除了面向公众提供文化服务外，对于促进行业发展也有重要意义。毕竟，博物馆的数字化发展绝不是仅仅停留在通过社交媒体与大众进行互动交流上，也不是线上与线下博物馆的虚实割裂，而是博物馆从管理运营到服务公众理念与方式的全新变革，本质上是一场认知革命。

当快速发展的数字技术进入文博领域的时候，如果缺乏标准化的指导，可能会带来一些负面的东西。以数字资源库为例，不能共享的、系统不兼容的数字化建设都有较大的局限性。因此，"数字故宫"有一个发展理念是"绿色"，即强调注重资源节约，共筑和谐生态。未来的发展在于以信息系统优化项目统筹，减少重复建设和资源浪费；通过智能化能源管理，提高能效；利用 AI 进行数据治理，清除数据垃圾。博物馆数字化建设是一项长期性、系统性、前瞻性的工程，既需要结合当下观众的需求，又需要考虑到未来技术和社会产生的新需求，这对于势单力薄的中小博物馆而言难以实现。因此，博物馆的数字化建设更为关键的是中小型博物馆的数字化建设。

最后是优势共享。跨界合作开启了文博行业的新未来。互联网、云计算、大数据等技术的发展，为文化传承提供了坚实的技术支撑。从技术到理念，科技行业在数字化上的成熟经验，都可以成为文博行业的有力助力。故宫博物院与互联网科技公司的合作，可谓"文化＋科技"两大行业跨界优势共享的经典案例。诚然，各类文博机构以及互联网科技公司的特点和资源优势迥然不同，其数字化工作难以直接复制，但它们在实践中积累的经验，也是文博数字化发展道路上的宝贵财富。故宫博物院与互联网科技公司的合作大致可分为三个阶段：从跨界合作引发传播热潮到引导青年创意讲好故宫故事，再到发挥小程序优势打造故宫社区，携手探索博物馆科技创新。文博机构与互联网科技企业合作最为关键的是，要注意培养跨界合作的人才团队，使其既能理解文化，又对科技有所了解，这种跨界沟通的机制建立好了，才能携手共进。当各类技术成为文博数字化助手后，便可以探索出一套独特的发展模式。一是新科技能够支持文博机构现有的文物数字化项目，助力更多文物转化为更高精度、更久存储的数字资源，这是文博数字化的"根须"。互联网科技公司可发挥图像采集、渲染、AI、云存储等方面的技术优势，在如何助力文博业数字采集上，探索更优的解决方案。二是新文创，以坚守文化内核、创新创意表达持续输送时代演绎，这是文博数字化的"枝叶"。文博单位应继续探索更多传统文化活化的方式和路径，让更多人感受到传统文化的底蕴。三是新文旅，体验升级，让新科技与新文创的成果福泽到每一个人，这是文博数字化的"硕果"。

由此不难看出，"共享"的理念必须始终贯穿在巴蜀文博数字化发展的进程中。这是一个共享的社会，文博领域实现共享的关键在于高效运用数字技术，将文化遗产、学术成果、文化产品进行整合，使其迸发出别样的生机。

三、巴蜀文博数字化转型的理念

博物馆是为社会服务的非营利性常设机构，它研究、收藏、保护、阐释和展示物质与非物质遗产。博物馆以符合道德且专业的方式进行运营和交流，并在社区的参与下，为教育、欣赏、深思和知识共享提供多种体验。数字化智能应用赋予了创新文化脉络承载、汇存历史瞬间更多的可能性，为博物馆这类文化记录场所提供了更好塑造精神内涵和更优呈现价值内核的契机。文博在数字化转型过程中涉及四大理念。

（一）以人为本

博物馆作为公共文化服务机构，应始终坚持以人为本，不断满足群众日益增长的精神文化需求。2015年国务院发布的《博物馆条例》明确指出："博物馆开展社会服务应当坚持为人民服务、为社会主义服务的方向和贴近实际、贴近生活、贴近群众的原则，丰富人民群众精神文化生活。"

目前文博的数字化应用比较适应年轻一代的需求，但是在中老年群体方面亟待消弭数字鸿沟。当前，文博数字化场馆内广泛应用的各类装置设计趋于繁复与多样化，高科技产品的融入，虽意在创新展示手段，却在无形中为中老年群体及文化素养相对较低的观众设置了认知门槛，即便对于频繁接触新兴媒介的年轻受众而言，也存在理解障碍。这导致本应促进文化理解与传播的装置，在实际应用中导致了理解上的困扰，未能有效发挥其应有的教育价值与文化传递功能，从而背离了文博数字化发展的初衷，即利用现代科技手段增强公众对文化遗产的认知与体验。根据调研结果，老年群体在参观三星堆沉浸式光影艺术展后，普遍对其中采用的数字化装置留下了深刻印象，认为其展现效果极为壮观，获得了前所未有的体验感。然而，在深入交流时，他们往往难以阐述所观展品的文化内涵与具体表现内容。这使相关人员意识到，科学技术应作为服务人民的工具而非凌驾其上。文博机构需持续探索科技、娱乐、教育与科普之间的有机融合路径，以确保技术创新能够有效提升公众的文化体验，提高知识的可接近性与理解度，进而推动文化遗产传承与普及的深入发展。

因此，博物馆在数字化建设中要从人民群众的需求出发，重视体验打造，体现人本思想和人文关怀；同时，要尽可能覆盖和惠及更多群体，与社区和普通公众的日常生活紧密结合。

（二）数据为核

中国博物馆囿于信息化基础和人员素质能力等因素制约，存在一些问题，限制了博物馆的数字化发展水平，也背离了博物馆数字化建设的初衷。因此，在规划实施过程中，博物馆应紧紧围绕馆藏特色资源，关注藏品数字化采集加工、藏品故事挖掘以及数字互动展厅，提高馆内藏品的保护、传播和利用水平。

（三）业务导向

数字化建设要服务于博物馆的整体战略和业务发展需要，以业务需求为导向，构建数字化场景，有效整合信息资源，合理开发各服务功能板块，支撑博物馆的业务发展和运营管理，避免数字化建设与博物馆业务运营的方向相悖，最终实现藏品基础数据标准化、业务数据管理规范化、藏品保护数字化以及社会公众服务人性化的目标。

（四）守正创新

博物馆的数字化建设要站在博物馆学的角度，关注人文历史类博物馆和自然科学类博物馆在办馆理念和功能定位等方面的差异；同时，要结合并体现地方特色和馆藏资源禀赋，推陈出新，大胆引进适用的技术和设备，创新技术的应用领域和呈现方式，提升观众体验和管理水平，引领文博行业数字化发展潮流。

四、巴蜀文博数字化出海

（一）巴蜀文博数字化出海背景

数字文博的发展精髓在于，通过前沿技术的融合与运用，实现文化的深度挖掘与广泛传播，让文化精髓以更加生动、多元且易于触及的方式触达全球观众，促进文化的传承、交流与创新。三星堆文物作为"中国符号"，在海外具有极高的 IP 价值。在"走出去"战略背景下，三星堆文物先后赴二十多个国家与地区，引起巨大反响。博物馆作为展示中国古代文明与现代文明的重要窗口，在海外传播中肩负着文化交流的使命，尤其是在社会快速发展的当代，国际环境日趋复杂，文化传播对于提升中国软实力、扩大国际影响力具有重要作用。2021 年 10 月 28 日，国务院办公厅发布《"十四五"文物保护和科技创新规划》，强调完善文物国际交流合作机制，创新成果转化路径和传播推介方式，推动文物国际交流合作成为共建"一带一路"的重要抓手和载体，向全世界讲好中国故事，促进中外文明交流互鉴。如何在海外传播中讲好中国故事，是我国当前所面临的一个非常重要的传播难题。唯有海外受众熟知中国文化，中国形象才能被世界真正地了解与认可，海内外交流才能进一步深入，中国的民族自信才能进一步增强，国家影响力才能进一步扩大。博物馆传播作为文化传播的主要推手之一，需要借助数字化技术提升自我的传播力。

（二）巴蜀文博数字化出海路径

文物作为一个国家和地区的文化缩影，具有鲜明的地域符号。中国文物走向世界的背后是文化的传播与交流。1971 年 7 月 24 日，周恩来批准了《关于到国外举办中国出土文物展览的报告》，"中华人民共和国出土文物展览"开始积极筹备，自此中国拉开了文物外交的序幕。1973年 5 月 8 日，中国出土文物第一次在法国巴黎著名的珀蒂宫亮相；同年 9 月 28 日，英国伦敦皇家艺术协会大厅也举办了"中国出土文物展览"。中国文物走出国门，在当地引起剧烈轰动，展示了中国悠久的文化历史底蕴。在文物外交背景下，三星堆博物馆注重与国家、地区博物馆进行展览交流与合作。1993 年 5 月，三星堆博物馆第一次将部分文物在瑞士洛桑奥林匹克博物馆展出。三星堆首次在海外展出后，欧洲各国频频与中国联系，要求三星堆珍宝赴欧洲展出，三星堆声名大噪，所到之处皆掀起观展热潮，成为中国在国际交流中独树一帜的文化名片。

线上技术激发文化动能，数字技术的出现消弭了博物馆的地域限制，新的传播方式延展了博物馆文化传播的抵达边界。全球受众已经习惯利用以手机为代表的移动媒介获取信息，依托数字技术，海内外观众可以随时随地参观线上展览，通过虚拟空间营造在场感，开启一场"沉浸式"的文化之旅。2020 年 1 月 24 日，因新冠疫情"封城"，三星堆博物馆通过官方微博发布了近年来举办的代表性临时展览的 VR 展合集。同年 2月 23 日，三星堆博物馆联合中国国家博物馆、苏州博物馆、敦煌博物馆等七家博物馆一同入驻淘宝，轮番开启直播。通过在线直播参观博物馆的方式，让博物馆在特殊时期也能够开展科普教育和文化传播等活动。

在国际传播方面，2021 年 5 月，国务院新闻办公室、国家文物局、四川省人民政府在三星堆博物馆联合举办了"走进三星堆 读懂中华文明"主题活动。当天的活动通过央视网和CCTV海外社交平台账号面向全球进行连续5小时的网络直播，总浏览量超5000万。境外媒体共刊发报道843篇，覆盖2亿人次。相关话题4次冲上微博热搜，在微信、抖音、快手以及脸书、推特等平台引起热烈关注。活动现场发布的"数字三星堆国际展"项目由四川省文物考古研究院、三星堆博物馆与清城睿现公司共同开发运营，以数字技术赋能历史遗产，运用虚拟现实、增强现实、全息互动投影等技术，将文物完美拓刻在网络中，使受众足不出户即可领略三星堆博物馆的风貌，获得"线上＋线下"相融合的全新文化体验。

（三）巴蜀文博数字化出海IP

博物馆文创产品作为博物馆的衍生物，具有文化与商品的双重属性。对于博物馆而言，利用自身IP打造售卖文创产品，可以在增强国际影响力的同时，增加经济效益，丰富博物馆文化传播的渠道与方式。对于受众而言，文创产品除了满足其相应类别商品针对性的需求之外，还能满足审美需求。

三星堆博物馆在IP领域已经建立起一条成熟的产业链，其中包括文创开发、品牌营销、IP授权等。除了传统意义上的文具、冰箱贴、杯垫等纪念性文创商品，三星堆博物馆还与国际知名出版商、电影公司联合推出了图书、动漫、电影等具有更高文化容纳价值的原创IP商品。例如，前文提到过的《金色面具英雄》动画影片，即是以三星堆文化为核心背景，借助好莱坞式的国际表达，传播中国文化，引发国际关注。此外，2021年5月28日，三星堆博物馆发布了"三星堆文化全球推广战略合作项目"，其中包括"看中国 看三星堆"外国青年影像计划、三星堆系列图书国际出版项目、"发现三星堆"纪实节目合作项目等九项全球项目，旨在借助三星堆IP，向世界展示中国多元文化，提升中国的文化影响力。

　　沉浸式体验同样是巴蜀文博出海的必要途径之一，物理空间与虚拟空间相结合，比文字和图片更能够让受众体验到不同文化的精髓。数字博物馆模糊了时空界限，借助 AR、VR、5G 等高新技术将博物馆搬进了网络环境，形成一种沉浸式的传播。人的身体在虚拟与现实交织的博物馆空间中穿梭，形成了一种在场感，弱化了物理空间对于人类身体的限制。博物馆本身就是几千年文明的缩影，受众在数字博物馆中会忘记时间，仿佛矗立于特定的历史时空中体味特定的历史文明。在数字博物馆领域，法国卢浮宫、美国大都会艺术博物馆等较早开始数字化项目的海外博物馆在国际文化传播领域具有不可动摇的地位。我国博物馆应借鉴其先进经验，因地制宜地选择一条具有中国特色的博物馆国际传播之路。

　　在复杂多变的国际环境中，博物馆作为政治中立的文化机构，是一种优质的文化传播形式。作为中国文化的物质载体之一，博物馆肩负着文化交流与传播的重要使命。随着媒介技术的发展，博物馆在依托数字化技术进行传播模式升级的同时，要加紧自身文化内涵的建设，摆脱同质化困境，用国际语言讲述中国故事。在未来的国际传播中，让世界真正地认识中国、了解中国，增强中国传统文化的影响力，提升中国的国际竞争力。

第八章 融合：巴蜀非遗与数字创意
产业共生

非物质文化遗产是指各族人民世代相传并视为其文化遗产组成部分的各种传统文化表现形式，以及与传统文化表现形式相关的实物和场所。根据联合国教科文组织《保护非物质文化遗产公约》的定义，非物质文化遗产主要包括口头传统和表现形式、传统表演艺术、民俗活动、礼仪和节庆、传统知识和技能、传统手工艺技能等类别。

巴蜀地区，这片充满深厚历史文化底蕴的土地，其非物质文化遗产（以下简称"非遗"）作为中华民族文化宝库中的瑰宝，正亟待与现代科技和数字创意产业相融合，从而焕发出新的生机。随着数字技术的不断进步和创意产业的蓬勃发展，巴蜀非遗与数字创意产业的融合前景广阔，充满了无限的可能性与创新潜力。这一融合将为巴蜀非遗的传承与发展开辟全新的路径。

本章旨在探讨如何在尊重和保护传统巴蜀非遗的基础上，巧妙借助数字技术的力量，深入分析巴蜀非遗与数字创意产业融合的现状、挑战与机遇，探索两者共生发展的新路径，以期为实现巴蜀文化的活态传承与可持续发展提供理论与实践的参考。这不仅是一次跨界的尝试，更是一次深度的文化对话与碰撞。通过数字创意产业的赋能，可以让巴蜀非遗在新时代背景下展现出独特的魅力和时代价值。

第一节　巴蜀非遗元素的当代设计

巴蜀非遗元素涉及多个领域，囊括了丰富的传统手工艺、精湛的表演艺术、多彩的民俗活动以及深厚的民间文学等。这些元素不仅是中华民族传统文化的重要组成部分，更具有极高的艺术价值和文化意义，是巴蜀地区历史文脉和社会风貌的生动体现。在当代设计领域中，巴蜀非遗元素的应用与创新不仅有助于传承和弘扬这一独特的传统文化，使其在现代社会中焕发新的生机，还能为现代设计提供源源不断的灵感源泉，注入新的创意元素，推动设计艺术创新与发展。

当下，随着消费产品的日益丰富，个性化消费的兴起，大众越来越重视各类产品中所承载的文化符号。在这种情况下，把巴蜀非遗所承载的中华优秀传统文化符号融入相关产品中，使其成为一个高文化附加值的产品，就显得尤为重要。巴蜀地区拥有丰富多彩的非物质文化遗产，如蜀绣、蜀锦、竹编、川剧变脸等，这些非遗元素具有深厚的历史文化底蕴和独特的艺术魅力。它们不仅是巴蜀人民智慧的结晶，也是中华优秀传统文化的重要组成部分。将这些元素融入现代产品设计，可以赋予产品独特的文化内涵和艺术特色，提升产品的文化附加值。

从传统线下产品设计的角度来看，将巴蜀非遗元素巧妙地融入家具、服装、饰品、文具等各类产品设计中，是一种富有创意和文化内涵的设计策略。通过图案、色彩以及材质的创新应用，打造出独具巴蜀文化特色的产品系列，不仅丰富了产品的外观和内涵，也赋予了产品深厚的文化底蕴。例如，绣工将细腻精美的蜀绣图案巧妙地应用于服装和家居纺织品上，如把蜀绣中的花鸟鱼虫图案绣在女士衬衫或窗帘上，使这些产品呈现出巴蜀地区的传统美学魅力；或者将川剧变脸的元素融入玩具和装饰品设计中，如设计一款以川剧变脸为主题的拼图玩具，制作一系列以川剧脸谱为灵感的挂饰和摆件，使人们在日常生活中也能感受到巴蜀非遗文化的独特韵味。此外，还可以将竹编技艺应用于茶具、灯具的设计中，打造出具有自然韵味和独特质感的巴蜀风格的家居用品。

从现代数字文创产品的角度来看，开发包含巴蜀非遗元素的数字文创产品是一种创新且富有成效的文化传承方式。这类产品形式多样，既可以是数字艺术品，通过高清图像、3D 建模等技术手段展现巴蜀非遗元素的精美细节和艺术魅力；又可以是影视短片，以生动有趣的故事情节和视觉效果，讲述巴蜀非遗背后的历史文化和制作工艺；还可以是互动游戏，让用户在游戏中亲身体验巴蜀非遗文化的独特韵味，如通过模拟阆中皮影戏的表演过程或四川扬琴的演奏过程，加深用户对巴蜀非遗的理解和感受。这些数字文创产品不仅具有观赏性和娱乐性，能够为用户提供丰富多样的文化体验，还能通过数字平台，如社交媒体、在线应用商店等进行广泛传播，打破地域限制，让更多年轻人了解和关注巴蜀非遗文化，激发他们的兴趣和参与热情，从而为巴蜀非遗文化的传承与发展注入新的活力。

从虚拟现实技术的角度来看，其与当下数字化时代的融合展现出了天然的契合与无限的潜力。这一技术不仅可广泛应用于教学、医疗、军事等诸多领域，而且在文化遗产数字化领域的应用也愈发广泛且深入。凭借基础的文物数据采集能力、提供的沉浸式体验以及强大的三维建模功能，虚拟现实技术能够全面适用于文化遗产全生命周期的信息化管理。例如，四川内江圣水寺经由 VR 全景模拟、三维激光扫描生成的数字信息，在虚拟场景中呈现出圣水寺的寺院格局、建筑形制、建筑装饰、园林空间等，同时能呈现出摩崖造像，造像的形象、质感、彩绘、病害等遗存信息非常完整和精细。

对于那些分布范围广泛、类型复杂多样、数量庞大且处于动态变化中的文化遗产，虚拟现实技术更是展现出了其非凡的应用潜力和独特价

值。通过 VR 高精度扫描、三维重建生成的数字信息，在虚拟场景中，不仅能够精确地重建文化遗产的外观和结构，还能生动地模拟其历史变迁和深厚的文化内涵，从而构建出一个与现实世界中的文化遗产相对应、高度仿真的数字"孪生"。

从人工智能与机器学习的角度来看，它们无疑是当前科技领域中热门的话题之一。人工智能作为一门科学，专注于研究和开发能够模拟人类智能行为的理论、方法、技术及应用系统。其核心目标在于使机器能够胜任那些通常需要人类才能完成的任务，诸如语音识别、图像识别以及自然语言处理等。机器学习作为人工智能的一个核心分支，则赋予了机器通过数据进行学习和训练的能力，使其能够总结数据中的知识，进而提升模型和算法的性能。机器学习算法具有从数据中自动发现模式和规律的能力，而无须手动编写规则。值得注意的是，人工智能需要依赖机器学习等技术来实现自动化的学习和决策制定，而机器学习可以借助人工智能的技术来完成更为高级和复杂的任务。

两者为巴蜀非遗文化的传承与发展开辟了新路径。以巴蜀文化为例，其应用流程如下：第一，构建一个包含巴蜀文化相关图像、文本、音频、视频等多模态数据的资料库，这些数据可以来源于博物馆、图书馆、民间收藏以及互联网等。第二，对收集到的数据进行详细的标注和分类，以便机器学习模型能够深入理解和识别巴蜀文化的特征。例如，可以对巴蜀地区的传统图案、建筑样式、服饰风格等进行详尽的标注。第三，进行数据清洗工作，去除重复、错误或无关的数据，以确保数据的准确性和一致性。第四，利用图像处理、文本挖掘等先进技术提取巴蜀文化的关键特征，如颜色、纹理、形状、语义等。第五，在已知巴蜀文化特征的基础上，选择适合的监督学习算法进行模型训练。在某些设计任务中，如自动生成巴蜀风格的艺术作品，可以使用强化学习算法来优化生成过程。第六，通过交叉验证等方法调整模型参数，以提升模型的准确性和泛化能力。利用训练好的模型，自动生成具有巴蜀特色的图案、纹

理等设计元素，并结合用户需求和偏好，利用人工智能技术进行巴蜀文创产品的个性化定制。

　　总而言之，巴蜀非遗元素在当代设计中的应用对于推动巴蜀非遗文化的传承与创新具有重要意义。

第二节　巴蜀非遗旅游数字化体验

　　巴蜀地区蕴藏着极为丰富的非物质文化遗产资源。这些资源如同璀璨的瑰宝，涵盖了多个领域，包括但不限于民间文学、传统音乐、传统舞蹈、传统戏剧、曲艺、传统体育、游艺与杂技、传统美术、传统技艺、传统医药以及民俗等。它们所蕴含的丰富的文化内涵和艺术价值，使其成为巴蜀地区旅游发展的核心吸引力和独特卖点。通过挖掘、展示和体验这些非遗项目，游客不仅能够感受到巴蜀地区独特的历史韵味和文化魅力，还能增进对中华文化的理解和认同。

　　然而，随着时代的发展，传统的传播方式已难以满足现代游客对于文化体验的多样化需求。要想进一步提升巴蜀非遗的传播和影响力，必须与数字化技术深度融合，使其成为推动非遗旅游创新的重要力量，不仅能极大地丰富旅游体验的形式和内容，还打破了传统旅游的物理限制，使得非遗文化的传播和体验不再受地域和时间的束缚。数字化体验利用虚拟现实、大数据、云计算等先进技术，为游客提供了更加生动和沉浸式的文化感知方式，使游客能够身临其境地感受巴蜀非遗文化的深厚底蕴与无限风采。

　　在研究巴蜀地区非物质文化遗产旅游的传播形式与策略时，通过互动体验应用程序的开发、非遗的数字化教育模式、非遗影像制作以及数字藏品的发行等多个维度，能够构建一个综合性的文化传播框架。此框架旨在利用现代科技手段，实现非遗文化的广泛传播与深度渗透，同时提升受众的参与度和体验趣味性，从而更有效地推广巴蜀地域内丰富多彩的非遗文化资源。

互动体验应用程序的开发具有举足轻重的意义，一方面它为游客提供了新颖、有趣的非遗文化体验方式，另一方面极大地增强了非遗文化的传播效果与影响力。首先，它能根据游客的兴趣和需求，提供个性化的导览和体验内容。例如，游客可以根据自己的喜好选择体验不同的非遗项目，通过扫码获取详细信息和视频教程，甚至参与在线互动游戏，深化对非遗文化的理解和感受。其次，注重用户体验的优化和提升。通过积极收集用户反馈并进行详尽的数据分析，开发者能够精准把握用户的需求与偏好，进而对互动体验应用程序进行持续的迭代与优化。这一过程不仅涉及界面设计的直观性与美观度，更涵盖了操作流程的流畅性与便捷性，以及应用性能的稳定与高效。

以"巴蜀非遗探索"互动体验应用为例，该应用在上线初期便设立了专门的用户反馈渠道，鼓励用户就界面布局、交互逻辑、内容质量等方面提出宝贵意见。开发团队根据收集到的反馈数据，迅速识别出用户在操作过程中的痛点与不便之处，如某些导航按钮的位置不够显眼，部分非遗技艺因介绍文本过长而导致阅读体验不佳等。针对这些问题，开发团队迅速响应，对应用进行了多次更新。在界面设计方面，他们采用了更加简洁明了的布局方式，将关键导航按钮放置在用户视线易于触及的位置，并增加了视觉引导元素，以提升用户体验的直观性。同时，对于内容过长的问题，他们引入了折叠式信息展示方式，用户可以根据自身需求展开或收起详细的文本信息，这样既保证了内容的完整性又兼顾了阅读的便捷性。

依托数字化技术构建巴蜀非遗旅游的数字化影像平台也是旅游发展的必经之路。数字化影像作为一种现代信息传播媒介，形式丰富多样，不仅包括传统的电影和精心制作的纪录片，还涵盖了短小精悍的短视频、互动性强的 VR 全景视频、创意十足的动画解说以及融合音频与视觉元素的多媒体演示等多种新颖形态。其中，电影以其宏大的叙事结构和深刻的情感表达，为观众呈现了完整的非遗文化故事；纪录片则以其真实性和客观性，忠实记录了非遗技艺的传承与发展历程；短视频则以其短小、快速、易分享的特点，迅速在网络平台上传播开来，成为吸引年轻受众关注非遗文化的有效途径。自数字故宫、数字敦煌、数字黄鹤楼等数字文旅产品推出后，文旅景点通过视频、直播平台提供数字化导览及VR云游逐渐成为数字文旅消费场景建设的重要方向。例如，2024年7月，在炉霍望果民俗文化活动中，四川广播电视台邀请川菜非遗国家级代表性传承人徐孝洪一起前往炉霍，围绕牦牛肉、青稞等炉霍当地特色食材，采用川菜非遗制作技艺制作美食菜品。

为了更全面地推广和保护这些珍贵的文化遗产，巴蜀非遗旅游积极建立以官方网站和社交媒体为核心的多渠道传播平台。这些平台集非遗影像展示、在线预约购票、虚拟导览、互动体验等功能于一体，为游客提供了便捷、全面的非遗旅游服务。通过整合巴蜀地区的非遗资源，形成了完整的非遗旅游线路和产品体系，提升了游客的旅行体验。在平台上设置的非遗影像专区中，展示了各类非遗项目的精彩瞬间和制作过程。游客可以通过观看影像资料，深入了解非遗文化的历史渊源、技艺特点和文化内涵。同时，平台还提供非遗项目的详细介绍、地理位置、开放时间等实用信息，方便游客安排行程。

此外，巴蜀非遗旅游的数字藏品发行是数字化时代非遗保护与传承的一种创新实践。随着区块链技术的发展，数字藏品作为一种新兴的数字资产形式，为非遗文化的传播和商业化提供了全新的可能性。据悉，2021年中国数字藏品发行平台多达38家，非遗数字产品发售数量约456万份，总发行价值超过1.5亿元。数字藏品通过区块链技术记录非遗文化的独特标识信息，确保每件藏品的唯一性和真实性。在巴蜀非遗旅游的数字藏品发行中，一般选取具有代表性的非遗项目，如川剧变脸、蜀绣、竹编等，将其设计成精美的数字艺术品，并在区块链平台上进行限量发行。例如，2022 年三星堆文化传媒联合三彩画坊推出万物数字藏品 2222 套。

这些数字藏品不仅具有观赏价值，还具有收藏和投资价值。游客和收藏爱好者可以通过官方指定的渠道购买这些数字藏品，拥有它们独一无二的数字所有权证书。同时，数字藏品还可以与线下旅游体验相结合，游客在参观非遗景点时，可以通过扫描二维码等方式获取相应的数字藏品，实现线上线下的互动融合。

第三节　短视频中非遗文化的活态展示

社交媒体作为数字时代不可或缺的产物，正以前所未有的方式重塑着信息传播与文化交流的面貌。其中，短视频作为这股浪潮中的璀璨明珠，不仅深刻改变了人们获取信息、寻求娱乐及社交互动的模式，更成为推动文化创新、商业繁荣乃至社会进步的重要力量。短视频融合了视觉、听觉及情感共鸣，以极短的时长（几十秒至几分钟不等）、高度的内容浓缩、精准的算法推荐、多样的创意表达以及无缝对接的分享机制，精准地将用户感兴趣的内容推送给他们，极大地提高了内容的传播效率和用户的观看体验。

它的这些显著特点，为非遗文化的广泛传播提供了有利的条件。

第一，短视频以其直观、生动的形式，能够真实再现非遗文化的技艺展示、制作过程、表演场景等，让观众身临其境地感受非遗文化的魅力。以抖音平台为例，众多非遗传承人，如泸州分水油纸伞艺术家、彝三彩匠人、安岳曲剧表演者等，通过发布制作过程、表演片段等，将原本可能因地域偏远或传承困难而鲜为人知的非遗技艺，生动直观地展现在大众面前。蜀绣作为中华民族传统工艺瑰宝之一，其传承人不仅承载着技艺薪火相传的重任，还能将蜀绣的精湛技艺以短视频这种生动直观的方式记录下来。通过平台的广泛传播，极大地拓宽了受众范围，使得国内外观众都能跨越时空界限，近距离感受这一非物质文化遗产的艺术价值与文化底蕴。更重要的是，此举有效激发了社会公众对于传统文化的浓厚兴趣与深刻认知，为传统文化的活态传承与创新发展开辟了新路径。

峨眉武术作为中国武术的重要流派，其代表性传承人凌云女士通过短视频平台这一新兴媒介，创新性地传播了峨眉武术的精髓。她发布了300多个短视频，内容涵盖峨眉武术的拳法、枪法、阵法等，不仅展示了峨眉武术的博大精深与独特风格，还巧妙融合了现代审美元素，使得这一古老武术形式焕发出新的生命力。她的短视频作品凭借高质量的内容、精湛的技艺展示以及独特的文化内涵，赢得了千万粉丝的热烈追捧与高度评价，成功地将峨眉武术这一非物质文化遗产推向了更广阔的社会舞台，促进了武术文化的普及与传承，同时为非物质文化遗产的数字化保护与国际化传播提供了宝贵的经验与启示。

第二，短视频平台作为非遗文化商业化探索的创新媒介，为非遗文化的商业化探索开辟了新路径。一些非遗传承人或团队积极采纳创意营销策略与跨界合作模式，巧妙地将非遗文化的精髓与现代生活审美要素相融合，推出了一系列面向年轻消费群体、符合其偏好的新产品与服务，显著拓宽了非遗文化的传播维度与影响力边界。在短视频平台上，有一位名叫"光影戏梦"的非遗传承人，他利用短视频重新演绎了传统皮影戏，并巧妙融入现代动画元素，创作出既保留传统韵味又充满新意的作品。通过与知名动画 IP 的跨界合作，他还推出了一系列皮影戏风格的动画短片，吸引了大量年轻观众的关注。同时，他还将皮影元素设计成文创产品，如手机壳、书签等，在短视频平台上进行直播带货，实现了非遗文化的商业化转化，既传播了文化，又创造了经济价值。这充分展示了短视频平台在非遗文化商业化探索中的积极作用。

此外，故事也是当前文创体验的重要入口和关键内容，并成为连接过去与现在、传统与创新的桥梁。苏稽古镇位于四川省乐山市，是一座历史悠久、文化底蕴深厚的古镇。在苏稽古镇的众多美食中，跷脚牛肉以其独特的口感和深厚的文化背景闻名遐迩。关于跷脚牛肉的起源，有多种说法，较为流传的说法是，这道菜最初源于清末民初，由周记跷脚牛肉创始人周福兴所创。当时，他在苏稽古镇悬锅煮肉，救治了不少贫寒的百姓，因为牛肉汤味道鲜美，又有防病、治病的功效，所以吸引了众多食客。由于食客众多，有的站着，有的蹲着，人们站着喝汤时习惯将一只脚搭在桌底下的横梁上，因此得名"跷脚牛肉"。通过这样的创意营销策划，非遗文化以更加新颖、丰富的形态展现在公众面前，并赢得了年轻受众的青睐与认可。这一过程不仅极大地拓宽了非遗文化的传播渠道，增强了其社会影响力，更为非遗文化的商业化转化提供了切实可行的路径，为非遗文化的传承与发展注入了强劲的动力与新的生机。

第三，用短视频展示非遗文化的独特魅力和深厚历史底蕴，不仅能够有效触动观众的心弦，激发他们的文化自豪感和认同感，更在无形中促进了非遗文化的传承与活态发展。巴蜀地区的非遗项目，如川剧变脸、蜀绣、荣昌陶器制作技艺、铜梁龙舞等，在短视频平台上焕发出了新的生机。

以 TikTok 为例，这一国际化的短视频平台凭借其庞大的用户基础和全球化的传播力，为巴蜀地区的非遗文化搭建了前所未有的展示舞台。在 TikTok 上，可以看到技艺高超的川剧演员瞬间变换脸谱，神秘莫测，让观众惊叹不已；蜀绣大师一针一线间勾勒出细腻入微的图案，展现了中华民族传统工艺的精湛与美丽；荣昌陶器的制作过程，从泥土到艺术品的蜕变，让人感受到泥土与火的奇妙结合；铜梁龙舞的震撼表演更是将中国龙文化的力量与美感展现得淋漓尽致。

这些短视频不仅引起了国内观众的广泛关注，更跨越国界，让世界各地的用户都能近距离感受到四川与重庆非遗文化的独特魅力。用户通过点赞表达对非遗文化的喜爱与尊重，通过分享将这些精彩瞬间传递给更多人，评论区里更是充满了对非遗文化的赞美与好奇，形成了跨越文化和地域的交流与共鸣。

这种基于短视频平台的非遗文化传播方式，不仅拓宽了非遗文化的传播渠道，增强了其影响力，还激发了年轻人对非遗文化的兴趣与关注，为非遗文化的传承与发展注入了新的活力。同时，它促进了不同文化之间的交流与理解，展现了人类文明的多样性和包容性。

第四节　元宇宙中巴蜀非遗文化生态重建

非遗文化是我国宝贵的历史文脉，然而，在快速的城镇化进程和全球化的浪潮中，这些珍贵的文化遗产面临着前所未有的挑战。城市化的加速导致传统生活环境的变迁，使得非遗文化的生存土壤日益贫瘠；年轻的一代对传统文化的兴趣减弱，导致传承主体青黄不接；同时，传统传承方式受限于时空，难以适应现代社会快节奏的信息传播方式，使得非遗文化的认知度和影响力逐渐减弱，陷入了一种既被忽视又难以自我革新的困境。元宇宙的兴起则为非遗文化的保护与传承开辟了一条全新的道路。元宇宙，简而言之，是一个集虚拟现实、增强现实、混合现实、区块链、人工智能等多种前沿技术于一体的沉浸式数字世界。它不仅仅是一个虚拟的空间，更是一个能够实现经济系统、社交互动、内容创作与消费的全方位数字生态。在元宇宙中，用户可以数字化的身份自由探索、创造和体验，跨越物理世界的限制，实现前所未有的互动与连接。

对于传统的非物质文化遗产传承而言，千百年来，它深深植根于特定地域的社会结构与文化土壤之中，通过地缘的亲近性和血缘的纽带关系，代代相传。这种传承方式往往伴随着强烈的技能性要求，如芦笙演奏、陶瓷制作等，其不仅需要传承人具有精湛的手艺，还蕴含着丰富的文化内涵和历史记忆。因此，"口传身授"成为这些技艺最为直接且有效的传授方式，师傅与徒弟之间面对面的交流、示范与模仿，确保了技艺的纯正与延续。然而，这也导致非遗传承在一定程度上具有封闭性和地域性特征，限制了其传播范围和影响力。

元宇宙作为一个融合了多种技术的全新数字空间，以其开放性和互动性彻底打破了物理世界的界限。在元宇宙中，非遗文化不再受地域限制，也不再局限于传统的师徒传授模式，而是能够跨越国界，吸引全球范围内的爱好者、学者乃至普通民众学习、创作和交流。例如，数字敦煌沉浸展通过高精度扫描与三维建模技术，将敦煌莫高窟的壁画、雕塑等珍贵文化遗产数字化并搬入元宇宙。全球用户只需佩戴 VR 设备，就能身临其境地探索敦煌莫高窟的每一个洞窟，甚至可以与虚拟的讲解员互动，了解其背后的历史文化故事。这种方式不仅让更多人能够接触和了解敦煌文化，也为敦煌学的研究提供了全新的视角和资料。

再如，非遗手工艺在线工坊。在元宇宙中，一些非遗手工艺人开设了虚拟工坊，通过直播教学、虚拟现实演示等方式，向全球的学员传授技艺。学员可以在虚拟环境中亲手操作，体验从选材、设计到制作的全过程，同时与其他学员和手工艺人交流心得，共同促进技艺的创新与发展。这种形式的传承不仅拓宽了非遗的传播渠道，也激发了年轻的一代对传统文化的兴趣和热情。

通过这些案例可以看出，元宇宙的开放性和互动性为非遗文化的传承注入了新的活力。它打破了传统传承模式的局限性，让非遗文化在更广阔的空间内得到展示和传播，同时为非遗技艺的重建与发展提供了无限可能。在元宇宙的助力下，非遗文化正以一种全新的姿态焕发出勃勃生机。

原真性（Authenticity）作为非物质文化遗产传承的核心理念，强调在保护与传承过程中，不仅要精准延续技艺的精髓，更要深入挖掘并原汁原味地展现技艺背后承载的丰富历史信息、社会习俗、自然环境和人文情感等构成的独特时空情境。这种全方位的还原，是确保非遗文化生命力的关键所在。然而，随着时间的无情流逝与现代社会环境的急剧变迁，许多非遗文化原有的生存土壤与时空情境已不复存在，这无疑给非遗的原真性传承与传播带来了巨大挑战。时空的隔阂使得年轻的一代难以直观感受到非遗文化的深厚底蕴与独特魅力，进而影响了其文化认同与传承的积极性。

要想破解这一难题，需要扩展现实技术，如虚拟现实、增强现实和混合现实等前沿科技手段，使其成为连接过去与现在、传统与现代的桥梁。以巴蜀地区的非遗文化为例，川剧的变脸艺术、蜡染以及四川竹编等宝贵的文化遗产通过 XR 技术的赋能，能够在数字世界中重现其历史场景与制作工艺的辉煌。观众通过佩戴 VR 设备，瞬间"穿越"至古色古香的茶馆中，亲眼见证变脸大师在方寸之间快速变换脸谱，体验那份神秘与震撼；或是通过 AR 技术，将一幅幅精美的蜡染作品活灵活现地展现在观众眼前，让观众近距离观察针线的细腻走向，感受匠人精神的细腻与执着；MR 技术能让观众置身于竹林深处，与竹编艺人并肩工作，亲自参与编织过程，体验传统技艺的魅力与乐趣。

这样的体验不仅极大地增强了观众对巴蜀非遗文化的认同感与体验感，还激发了他们探索、学习并参与传承的兴趣与热情。XR 技术以其独特的沉浸感与互动性，为非遗文化的原真性传承与传播开辟了全新的路径，让古老的智慧与现代科技交相辉映，共同书写着文化传承的新篇章。

作为地方文化瑰宝的巴蜀非遗，其跨越文化壁垒、融入大众视野的关键路径，在于与主流文化潮流及网络亚文化的深度交融。这一过程正如"元宇宙国潮"的兴起，它不仅巧妙地将巴蜀非遗的深厚底蕴与现代青年的审美偏好相连接，更让非遗文化的精神内涵得以鲜活传承，成为连接青年群体与传统文脉的坚固桥梁，显著提升了他们的文化自豪感与认同感。

在传统上，巴蜀非遗文化多依赖岁时节庆、社祭庙会等特定场景展示其魅力，其传播范围与深度受限于时空条件，往往随着活动的落幕而归于沉寂。而今，元宇宙技术为巴蜀非遗文化开启了一扇通往无限可能的大门。在这个由数字构建的平行世界里，非遗文化、大众审美、网络亚文化及消费文化实现了无缝对接，共同编织出一幅多元共生的文化图景。通过元宇宙的沉浸式体验与交互设计，巴蜀非遗不再是遥不可及的"他者"，而是化身为每位参与者触手可及、互动共享的"自者"，使得文化消费成为一种集体参与、共同记忆的生成过程。这种"再媒介化"的尝试，不仅打破了物理与文化的双重界限，更激发了社会群体对巴蜀非遗文化的持续兴趣与传承动力，让古老的文化传统在元宇宙的土壤中焕发新生。

第五节　巴蜀非遗文化 IP 的跨平台联动

在现代文化产业的语境中，IP 更多地被用来指代具有强大影响力和市场号召力的创意内容主体，如文学作品、影视作品、动漫、游戏、历史人物、品牌符号等，它们能够跨越不同媒介形式进行传播和再创作，形成拥有广泛受众基础和深厚文化内涵的系列作品或产品。巴蜀非遗文化 IP，是在巴蜀地区（主要指四川及重庆地区）丰富的非物质文化遗产的基础上，通过现代创意产业的手法进行挖掘、重塑与推广，形成具有独特文化魅力和市场吸引力的知识产权体系。这些非遗文化 IP 不仅承载了巴蜀地区深厚的历史文化底蕴，还融合了地域特色、民族风情和时代精神。

然而，当前巴蜀部分地区的非物质文化遗产传播方式较为单一。相比之下，跨平台联动能够产生协同效应，通过多样化的形式将巴蜀非遗文化呈现给公众，进而增强其在公众心目中的认知度与影响力。此外，跨平台联动还有助于为巴蜀非遗文化带来更多的商业机遇和经济收益。因此，跨平台联动对于巴蜀非遗文化的传播与发展具有深远的意义。

文化 IP 授权与衍生品开发是跨平台联动的重要策略之一。这一策略的核心在于，通过将具有独特文化价值的 IP 授权给相关企业或个人，开发出一系列富有创意和特色的衍生品，如文创产品、旅游纪念品等。巴蜀非遗文化作为蕴含深厚历史文化底蕴的文化 IP，可以采取这一策略。通过授权给专业的开发团队或企业，可以将巴蜀非遗文化的元素和精髓融入各种衍生品中，创造出既具有实用价值又充满文化气息的文创产品和旅游纪念品。这些衍生品不仅在日常生活中为人们带来便利和愉悦，更能在无形中传播巴蜀非遗文化的魅力，让更多人在购买和使用这些产品的过程中，了解和体验到巴蜀非遗文化的非凡魅力。2023 年 9 月，彭州巴蜀汉陶系列的六款文创产品——牡丹花、汉仪、苍龙、玉衡、祥云、文曲吸水茶盘成功入选国内唯一的头部 IP "中国好礼"。这一系列茶盘由非物质文化遗产巴蜀汉陶的传承人王武精心设计。他选用古典而富有传统文化气息的历史名画、古风山水、汉元素以及华夏文化的经典作为茶盘的表现形式，使其底蕴深厚、别具韵味。人们在品茶修身养性之时，亦能品味到传统文化的礼与美。不难看出，通过文化 IP 授权和衍生品开发，可以创造出更多与巴蜀非遗文化相关的优质内容。这些内容可以作为跨平台联动的重要素材和资源，丰富联动活动的形式和内容，提升联动效果。

内容营销与视听表达在推广巴蜀非遗文化中发挥着重要作用。

首先，可通过文字、视频、音频等多种形式创作丰富多样的内容，深入讲述巴蜀非遗文化背后的故事、技艺的传承以及发展历程。这些内容可以精心策划并发布在自媒体平台、新闻网站、视频平台等多个渠道上，以触达不同的受众群体。例如，四川观察在微信公众号平台发布的非遗故事："银花丝，作为成都最具特色的汉族传统金银工艺品，迄今已有 1700 多年历史，与蜀绣、竹编、漆器并称为成都的'四大名旦'。然而，在清末民初，花丝珐琅凤鸟嵌宝红玛瑙耳环、银花丝编织松鹤纹盖罐等精美作品因后继无人，银花丝的烧蓝、堆景、无胎成型等核心技术已经面临失传的危机。"凭借其深厚的历史底蕴和引人深思的现状，受到了大众的广泛关注。

其次，可利用微电影、纪录片等更具视觉冲击力的形式，生动讲述巴蜀非遗文化的感人故事。例如，四川文化旅游频道播出的《四川非遗100》（第四季）中涵盖唤马剪纸、藏文书法、阆中保宁醋、峨眉武术、汶川羊皮鼓舞、丹棱唢呐等 10 个非遗项目，以独特的纪实美学风格，精美的镜头语言，讲述了一个个非遗代表性传承人与其所传承的技艺之间的故事。通过精心编排的画面和引人入胜的情节，这些视听作品能够深深吸引观众的注意力，并激发他们对非遗文化的兴趣与热爱。这些故事不仅可以通过电影院线进行放映，还可以通过网络平台等多种渠道进行广泛传播，进一步扩大巴蜀非遗文化的影响力，让更多人了解和关注这些宝贵的文化遗产。

政府支持与政策引导在巴蜀非遗文化的传承与发展中扮演着至关重要的角色。政府可以出台一系列相关政策，以促进巴蜀非遗文化的发展。这些政策包括提供专项资金支持，为相关项目和传承人提供必要的经济保障；同时，给予税收优惠，鼓励企业和个人积极参与非遗文化的保护与传承工作。

除了经济上的扶持，政府还可以积极组织相关活动，搭建合作平台，促进非遗文化的跨平台联动。例如，文化和旅游部、国家发展改革委、重庆市人民政府、四川省人民政府等联合印发《巴蜀文化旅游走廊建设规划》，这一规划为巴蜀地区的文化旅游合作提供了宏观指导和政策支持。成渝两地联合发布的《建设富有巴蜀特色的国际消费目的地实施方案》，以及成都市人民政府办公厅印发的《培育文旅消费新业态推动文旅产业创新发展实施方案》，都进一步推动了巴蜀地区文旅产业的融合发展，为非遗文化的传承与创新提供了有力支持。

此外，四川省文化和旅游厅等 12 个部门联合印发的《关于进一步加强非物质文化遗产保护工作的意见》，构建了更为紧密的合作联动机

制，推出了多项文旅重磅举措，并搭建了重大合作平台，取得了一批重大标志性成果。这些政策的出台和实施，不仅为巴蜀非遗文化的传承与发展提供了有力保障，也进一步提升了巴蜀地区在文化旅游领域的整体竞争力。

在宣传推广方面，政府同样发挥着重要作用。政府可以利用自身的资源和渠道，对巴蜀非遗文化进行广泛而深入的宣传推广。例如，政府可以通过旅游宣传册、官方网站、社交媒体等多元化渠道，发布非遗文化的相关信息，提高公众对非遗文化的认知度和兴趣度。同时，政府还可以鼓励媒体和文化机构积极参与非遗文化的宣传和推广工作，共同为巴蜀非遗文化的传承与发展贡献力量。

第九章　对话：巴蜀历史名人文化的
数字化传播

　　巴蜀地区历史上孕育了无数家喻户晓的文化名人，这些人物在各自的领域中做出了杰出贡献，赋予了巴蜀深厚的文化底蕴。如今，随着互联网技术的飞速发展，文化交流和国际合作更加便捷，研究巴蜀历史文化名人的事迹、作品，将其传播给更广泛的受众，有助于传承和普及巴蜀的优秀文化传统，提高公众对历史的认知和了解，为公众的教育和学习提供有价值的资源和信息，培养公众的历史文化意识和爱国主义情感，促进国际的文化交流，增进我国与其他国家的友好关系。

　　数字化传播在这方面扮演着至关重要的角色。通过精心策划和制作，相关部门能够将巴蜀历史名人的故事以文章、图文结合、视频等多种形式呈现在网络平台和社交媒体上。这些丰富多彩的内容不仅能够吸引人们的眼球，还能让他们深入了解这些名人的生平和贡献。

　　文章是传播历史文化的重要载体。研究者可以将所撰写的详细描绘巴蜀历史名人的生活经历、成就和对巴蜀文化的贡献的文章上传至各大网络平台和社交媒体进行广泛传播，这样能够使更多人了解并认识巴蜀文化，激发读者对巴蜀文化的热爱和尊重。图文结合也是一种具有吸引力的传播形式。设计师可以构思精美的海报、图表，将巴蜀历史名人的关键信息和故事以图文并茂的方式呈现出来。这种形式既简洁明了，又富有视觉冲击力，能够在短时间内吸引大量关注。视频则是一种更加直观和生动的传播方式。影视制作者能够创作出关于巴蜀历史名人的电影、纪录片、访谈节目或者短视频，通过影像资料展现他们在各自领域的风采。这些视频内容能够更加直观地表现巴蜀历史名人的故事，吸引更多人的目光，让他们在观看的过程中更加了解和热爱巴蜀文化。

这些数字化传播手段不仅有助于传承和普及巴蜀的优秀文化传统，还能提高公众对巴蜀历史的认知和了解，激发公众的历史文化意识和爱国主义情感，使人们对祖国的辉煌历史深感自豪。

第一节 李冰：水利工程的数字孪生

一提起我国古代著名的水利专家李冰，人们便会想到他对都江堰水利工程的贡献。战国时期，成都平原经常遭受岷江上游的洪水灾害，当地百姓苦不堪言。为了解决这个问题，李冰及其子李二郎主导了都江堰的建设工程，此项工程包括开凿鱼嘴分水堤、飞沙堰溢洪道和宝瓶口进水口等关键部分。鱼嘴分水堤的作用是分割岷江的水流，使其一部分自然流入江河，另一部分通过宝瓶口引入灌溉渠道；飞沙堰则用来减少进入宝瓶口的泥沙，其修建的目的是调控岷江的水流，保持渠道畅通；在玉垒山上开凿宝瓶口是治理水患的关键环节，打通玉垒山可以减少西边的水流量，将岷江水引入东部干旱地区，从而灌溉那里的良田，促进农业生产。

都江堰沿用至今已有超过两千年的历史，它不仅使成都平原避免了洪水灾害，还提供了充足的灌溉水源。这个伟大的工程展示了我国古代人民的智慧和创造力，对后世产生了深远影响，被誉为世界水利工程的奇迹。几千年来，都江堰经历了大自然风云雷雨的一次次考验，至今依

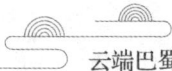

然展现出旺盛的生命力，灌溉着成都平原的千里沃野。为了缅怀李冰，人们将农历六月二十四日定为"李冰文化国际旅游节"。

为了更好地宣传李冰的事迹，可以利用互联网有效地连接大众，创造一个逼真的线上游览环境。例如，都江堰市政府开发的李冰文化创意旅游产业功能区就充分借助虚拟现实、8K直播、电子展示等手段，利用多种新媒体平台，尝试对以都江堰水利工程为代表的科技性景观景点进行宣传和讲解；同时制作都江堰水利工程的3D虚拟模型，允许游客在虚拟环境中自由探索，了解工程的结构和运作原理。这种表现形式既具有教育意义，又能提供独特的视觉体验。

通过这些传播方式，李冰的水利工程能够超越时间和空间的限制，将影响力扩展到全世界，有助于提高公众对水利工程和可持续环境管理重要性的认识。

第二节　诸葛亮：从历史人物到数字化重生

随着数字化技术浪潮的推进，历史人物以全新的方式获得了"重生"。诸葛亮作为三国时期的传奇人物，其智谋、战略和人格魅力一直为后世所传颂。他不仅仅是蜀汉的丞相，更是一位杰出的政治家、军事家、发明家和文学家，《隆中对》体现出的战略构想、北伐中原的壮举以及以《出师表》为代表的文学作品都在历史上留下了深刻的印记。本节将从历史人物诸葛亮的背景出发，探讨其数字化重生的意义、手段及影响。

诸葛亮生前被封为武乡侯，死后谥号为忠武，因此纪念他的祠堂就被命名为武侯祠。诸葛亮殿悬"名垂宇宙"匾额，出处为杜甫的诗《咏怀古迹五首·其五》："诸葛大名垂宇宙，宗臣遗像肃清高。"武侯祠原指位于刘备惠陵旁供奉诸葛亮的祠堂，后历经明清两代的不断修缮和整合，最终变成由汉昭烈庙、武侯祠、惠陵、三义庙四部分组成的建筑群。

如今，在数字化的浪潮下，诸葛亮的形象和故事被赋予了新的生命，以更加多元和互动的方式呈现在公众面前。借助现代科技手段，将这位历史人物的形象、事迹以及影响以全新的形式展出，使之在当代社会中焕发新的生命力是传播巴蜀历史名人文化的必经之路。首先，数字化技术为研究诸葛亮提供了更多可能性。高精度的数字化扫描和建模能够重建诸葛亮时期的历史场景，模拟他的战略布局，甚至还原他的书信和著作。这不仅有助于大众更深入地理解诸葛亮的历史地位和影响，还为学者提供了一个全新的研究视角和方法。其次，数字化技术使得诸葛亮的历史形象更加鲜活和立体。数字博物馆通过运用虚拟技术、三维图形技术等，能够将博物馆藏品以立体的形式呈现于网络上，达到立体显示、互动交流的目的，从而为游客提供了更加丰富和深入的体验，游客可以身临其境地体验诸葛亮的历史时刻，感受他的智慧与魅力。例如，2021年10月，由成都武侯祠博物馆主办，襄阳市博物馆、四川博物院、凉山彝族自治州博物馆、成都文物考古研究院、成都永陵博物馆参展的"明良千古——刘备与诸葛亮君臣合展"在成都武侯祠博物馆明良千古展厅开展。展览涉及了三国时期的食器、锁具、说书俑、青铜摇钱树等，受众既能在博物馆内欣赏到跨越两千年的精品文物，还能在线上通过视频、图片与文字介绍，沉浸式体验三国时期人们的生活习俗、思维方式、审美取向，从历史文物中汲取文化自信力量。

数字化技术打破了时间和空间的限制，扩大了诸葛亮文化的影响力和传播范围，使得诸葛亮文化的传播不再局限于特定的地域和时间。通过社交媒体、AI工具、文化游戏等平台，诸葛亮的故事和智慧得以迅速传播，使他的形象更加深入人心，被更多人知晓和喜爱。

社交媒体平台，如微博、微信公众平台等，为用户提供了分享诸葛亮故事和智慧的空间。用户可以通过发布文章、图片或视频等形式，传播诸葛亮的事迹、战略和智慧，尤其是在网络平台有话语权的人或文化名人可以通过解读诸葛亮的故事和智慧，吸引大量粉丝关注和转发，进一步扩大传播范围。在社交媒体平台上，关于诸葛亮的短视频、表情包、动态图等数字化内容层出不穷，加上话题标签，如"＃诸葛亮智慧＃"，能够聚集对诸葛亮感兴趣的用户，形成讨论社群，从而提升诸葛亮文化的热度和影响力。

AI 工具同样能辅助内容创作者快速生成与诸葛亮相关的文章、视频等，同时根据用户的兴趣和行为数据进行个性化推荐，使诸葛亮的文化更精准地触达目标受众。AI 开发的智能聊天机器人或虚拟助手能够与用户进行关于诸葛亮的问答和讨论，提供一种新颖的互动体验方式。例如，在某对话式 AI 助手平台输入"关于诸葛亮的诗歌"，它便会罗列出一系列对应的诗人与诗句，既有杜甫《蜀相》"三顾频烦天下计，两朝开济老臣心"，又有陆游《书愤五首·其一》"出师一表真名世，千载谁堪伯仲间"等脍炙人口的诗句。这种跨时空的传承方式不仅有助于弘扬中华优秀传统文化，还能让诸葛亮的精神和智慧在当代社会发挥更大的作用。

许多三国题材的游戏也强调了策略运用和智慧对决，玩家可以在游戏中实践诸葛亮的战略思想，从而更深刻地理解其智慧。在这类游戏中，玩家可以扮演诸葛亮或其他三国时期的人物，通过游戏剧情和任务，深入体验诸葛亮的历史故事，获得沉浸式的学习感受。例如，有些益智类游戏以诸葛亮的文化和智慧为核心，旨在通过游戏的方式传授给玩家知识、培养玩家的思维能力。这些游戏包含了解谜、逻辑推理等元素，让玩家在解决问题的过程中学习到诸葛亮的智慧；游戏内的社交功能允许玩家分享自己的游戏经验和策略，这也间接促进了诸葛亮文化的传播；游戏外的社区讨论和攻略分享也进一步扩大了诸葛亮文化的影响力。

诸葛亮的数字化重生是科技与文化的结合，它不仅让历史人物以全新的方式呈现在公众面前，还为传统文化的传承和发展注入了新的活力。数字化技术为历史人物研究带来了革命性的变革。它不仅仅改变了人们获取和整理历史资料的方式，提高了研究效率，更重要的是，它为大众提供了一种全新的历史解读方式，使人们能够更加深入地挖掘历史人物的内心世界和精神风貌。因此，可以说数字化技术让历史人物获得了"重生"，也为历史文化教育、旅游推广等领域带来了新的契机与考验。

第三节　李白：数字时代的诗歌复兴

李白，字太白，号青莲居士，唐代著名诗人。李白的诗歌题材广泛，包括写景、咏史、表现个人志趣和抒发感慨等，以豪放、奔放、语言优美而著称，多表现对自由、超脱的向往。李白还在诗歌中大量使用比喻、象征手法，使得诗歌富有强烈的视觉效果与天马行空的想象。李白的诗歌体现了其不同阶段的人生状态，如《将进酒》体现了他豪放不羁的个性和对人生短暂的感慨，《静夜思》展现了他对家乡的深切思念。这些诗歌大大丰富了诗歌的艺术形式，在中国文学史上占有很高的地位，在世界文学史上也享有盛誉，被广泛翻译为多国语言，影响了诸多外国诗人与文学爱好者。

作为中国古典文学的瑰宝，诗歌的现代传承与发展是必然要求，数字化时代的互联网就能够通过不同的媒介保护并传播传统文化。李白的诗歌借助互联网可以有效拓展传播范围，使大众足不出户就能获得这些诗歌所带来的优美体验。

那么，如何通过数字化传播使李白的诗歌得到更广泛的传播？可从以下几方面去构想。

一是建立电子图书馆与在线数据库。按照一般步骤来看，电子图书馆和在线数据库首先需要在线收集全部现有记载的李白诗歌，并根据诗歌的类型，对收集到的诗歌资源进行整理，包括分类、编号、标注等，以便后续的管理和检索；其次，电子图书馆与在线数据库应该以多种在线形式向读者展现相关信息，如图片、视频、音频、动画等，为了读者方便在不同设备上阅读，可以将李白的诗歌转换为常见的电子书格式，如 PDF、EPUB 等，通过为读者提供李白诗歌的数字化阅读，方便全球读者访问和研究。

二是借助社交媒体与内容共享平台。社交媒体是传播中华优秀传统文化的重要载体，为公众文化交流提供了新路径，成为推动公众文化素质进步的重要介质。在社交媒体和内容共享平台上，人们可以通过朗诵、解析或创意改编来分享李白的诗歌，如一些歌手将《静夜思》的原文摘录下来，重新编曲形成了脍炙人口的儿歌，以此扩大传播范围。

三是利用 AR、VR、AI 等技术。随着科学技术的发展，AR、VR、AI 等技术让观众能够在虚拟环境中体验李白诗歌中的奇妙意境，深切感受到李白诗歌的艺术魅力。例如，《中国诗词大会》第六季第二期就应用了中央电视台最新的"AI+VR"裸眼 3D 演播室技术，节目录制现场特别设立了裸眼 3D 场景呈现区域，在嘉宾出场、选手对战、嘉宾出题等环节对节目内容进行了三维立体的场景化展现，现场嘉宾和选手可根据屏幕画面与周边场景实时地进行互动，既提升了嘉宾和观众的参与感，又削弱了后期制作带来的生硬感。

四是开设在线教育课程。在线教育课堂打破了教室、黑板、粉笔的局限，教师通过互联网进行授课，学生则能够依据自身时间条件选择喜欢的课程，有利于调动学生自主学习的欲望。与此同时，线上课程支持课程回放，能够打破时间给学习者带来的桎梏，全面提升学生的学习效果。在线平台提供的关于李白诗歌的教育课程和讲座便于不同背景与年龄段的学习者了解和学习李白的诗歌，这也在一定程度上使得李白诗歌的传播更加广泛。

五是推进艺术与文化的融合。将现代艺术和传统文化元素融合，创造新的艺术作品，可以提升传统文化的趣味性。例如，将李白的《把酒问月·故人贾淳令予问之》与流行歌曲元素相结合，将李白的诗唱成歌，歌声婉转、饱满、轻盈，能够带大家重温这一咏月抒怀诗的经典。这种跨界合作的形式为古典文学提供了与众不同的表现形式，有助于吸引更多的受众。

综上所述，李白的诗歌通过互联网技术焕发了新的生命力、有了更为丰富的传播途径。这种结合方式不仅使古典诗歌更加生动和现代化，还使其能够跨越时空与全球不同的受众产生共鸣。随着技术的不断进步，这种结合方式将进一步拓展，为李白诗歌的传播和研究提供更多的可能。

第四节　苏轼：家风的数字化传播

家风是一个家庭甚至一个家族世代相传的习惯、作风、风尚和典范，也是先辈教给后代的关于立身处世、持家治业的准则与处事方法。宋代文学的发展与苏洵、苏轼、苏辙三父子的文学创作密不可分，他们留下的许多关于家庭教育的作品，包括刻于碑石的行为准则、座右铭式的警策格言和教育子孙的专章诗歌等值得后世学习和传播。

著名的文学家、政治家、书法家苏轼深受苏氏家族的家风文化影响，在品德、思想、艺术追求上尽显德才兼备的气质，且对后世产生了深远的影响。首先，苏轼强调儒学教育，注重道德和文化的修养。例如，他曾送给长子苏迈一方砚台，并在砚台底下刻上铭文，教导儿子在学习圣贤之道时要求知若渴，这体现了苏轼对儒学价值观念的传承与弘扬，也反映了苏氏家族对儒家思想的重视。其次，苏轼不仅在诗词方面有卓越成就，还在书法和绘画上有所建树，其家族成员也多才多艺，这反映了苏氏家族对文学艺术的高度重视。再次，苏轼倡导诚实、谦逊和宽厚待人的生活态度。苏轼一生经历多次政治风波，但始终保持着高尚的品格和坚韧的精神。最后，苏轼的诗作中常常表现出对自然景观的热爱和对生活细节的观察，这反映了苏氏家风中对人与自然和谐相处的追求。

在互联网背景下，作为中华优秀传统文化的重要组成部分，苏氏家

族的家风文化已然拥有了新的互联网多元传播形式。基于数字化传播的中华优秀传统文化具有传播模式多样、信息容量庞大、改编形式新颖等优势。

位于四川眉山的三苏祠博物馆利用数字技术还原苏轼当时的生活，对三苏祠内的文物、书画以及历史场景进行高清重现。游客通过电子大屏或移动设备就可观赏到这些数字化的珍贵文物，还可通过触摸屏幕或其他交互设备，自主选择感兴趣的内容进行深入了解。三苏祠博物馆还利用社交媒体平台，定期发布关于苏轼的历史文化知识和三苏祠的活动信息，通过社交媒体的广泛传播，吸引更多人对苏轼相关文化产生兴趣并到三苏祠博物馆进行实地参观。这种互动式的展示方式能够提高游客的参与度，从而使人们更加深入地认识到苏轼的历史地位和文化贡献。

互动式网站与应用程序具有跨时空和开放的优势，将苏氏家族的家风文化融入其中，利用 VR 体验、教育游戏等互动方式，可以使用户在娱乐中学习和体验苏氏家风文化；利用互动式网站与应用程序的交互性特点设置的与家风文化相关的互动功能，如家风文化论坛，能够鼓励用户分享自己的家风故事和心得，形成线上家风文化交流社区，更好地弘扬苏氏家族的家风文化。

通过这些多元化的互联网传播方式，苏氏家族深厚的家风文化在互联网时代焕发出了崭新的生命力。互联网的交互性不仅使苏氏家族的家风得以广泛传播，更让越来越多的人深入了解了苏轼这位文学大家丰富的思想和卓越的艺术成就。人们通过互联网，能够随时随地领略到苏氏家族家风文化的独特魅力，感受其深厚的文化底蕴和人文精神。

第五节　张大千：陈列于赛博世界

张大千，原名张正权，四川省内江市人，中国画家，擅长多种题材的中国画，包括人物、山水、花鸟等，丹青、水墨、工笔写意俱佳。他的作品既承袭了传统中国画的技巧，又融入了个人的创新风格。在中国山水画方面，张大千进行了大胆的创新，尤其在色彩运用上有自己独到的见解，在充分吸纳西方绘画精华的基础上，将大红、大绿、大蓝等颜色植入中国山水画之中，如《嘉耦图》《爱痕湖》。

在互联网和数字技术紧密结合的现代社会，打造关于张大千名画的赛博世界成为传播其画作的新方向。

"赛博"一词常用于指代"人工智能的创建"。将人工智能与张大千的画作相结合，会形成一个具有生命力的赛博世界，在这个世界里，数字化技术将得到充分运用。数字化展览与在线画廊的举办就是这一技术的体现，通过数字化高清重现和VR技术，这些展览和画廊为观众提供了更加沉浸的艺术欣赏体验。在数字化展览方面，这类艺术作品通常利用先进的数字技术，打破传统展览的局限性，使观众能够身临其境地感受张大千的画作。目前，部分美术馆和画廊已建立了张大千数字化展览，不仅细分为最新展览、主题展览和个人展览，还配有高清扫描件和详细解说，观众即使不到现场也可以清晰地了解每幅作品。例如，2024年初，在北京中华世纪坛艺术馆举办的"丹青望河山"三大师真迹与数字画境展就汇集了张大千等多位绘画大师的真迹画作，艺术馆通过数字多媒体以及声、光、影技术将这些艺术品一一呈现。在线画廊是另一种数字化展示张大千作品的方式。这些画廊通常提供在线浏览、购买和收藏画作等服务。例如，一条艺术线上画廊就举办了张大千经典名作线上特展，展出了张大千的多幅重要作品，涵盖了张大千各个时期的代表作，不仅展示了张大千高超的绘画技艺，还反映了其独特的艺术风格和审美追求。在线画廊一经展出，观众便能随时随地欣赏到张大千的佳作，感受其艺术魅力。

虚拟现实体验也是赛博世界中提升临场感的一种方式，它通过计算机模拟人类视觉、触觉、听觉等五感，让用户沉浸于三维空间内，产生强烈的真实感。作为现当代科技前沿的代表之一，在艺术作品的应用方面，虚拟现实融合了艺术思维与科技工具，拉近了参与者与艺术作品的距离。借助这一技术，艺术馆可以采用更为自然的人机交互手段控制作品的形式，让观众在三维空间中"走进"张大千的画作，体验一种超越传统展览的沉浸式艺术的独特魅力。

通过这些新兴的方式，张大千的画作在赛博世界中获得了更便捷的传播，这不仅提升了艺术影响力，还为传统艺术与现代技术的结合提供了范例。未来，更加先进的技术手段可以为用户提供更加沉浸式的体验，让用户仿佛亲身置身于张大千画作的文化氛围之中。这不仅将大大提升用户对文化艺术领域的感知和理解，还将为绘画精神理念传承与发展开辟出更加广阔的新路径。

第六节　巴金：经典文学与人工智能的碰撞

作为 20 世纪中国文学的重要代表人物之一，巴金的作品在中国现代文学史上具有不可替代的地位。巴金，本名李尧棠，出生于四川成都，曾留学法国，接触了许多西方文学作品，这样的经历深刻影响了他的文学创作理念。巴金的文学生涯始于 20 世纪 20 年代，其作品多聚焦个人情感、家庭关系和社会变迁。

他作品的文学特点可以从三方面进行描述。首先，深刻的思想性。他的作品常常深入探讨社会问题、人性，以及个体与环境的关系。《寒夜》描绘了主人公在社会动荡中的遭遇和心理变化，展示了作者对于社会和人性的深刻思考。其次，丰富的情感表达。他的小说多描绘复杂的人物关系和丰富的情感世界。例如，他的长篇系列小说《家》《春》《秋》讲述了一个四川大家族的兴衰历程，反映了中国传统家庭和社会的冲突与变迁。最后，流畅的叙事风格。巴金的文风流畅、语言简练，擅长通过细腻的心理描写和情节构造来吸引读者。

随着科学技术的进步，人工智能已经能够生成具有一定逻辑性和连贯性的文章、诗歌甚至小说，巴金的经典作品可以通过以下几种方式与人工智能进行融合，以适应新的技术环境并保持其文学价值。首先，读者运用人工智能对巴金作品进行深度文本分析，能够探索其语言风格、主题模式和情感表达，尝试创作受巴金作品启发的新文学作品或续作。其次，人工智能中的自然语言处理技术能够分析巴金文学语言的特点，包括词汇使用、句式结构等，这对于读者理解巴金的文学风格和语言艺术具有重要意义。最后，根据读者的阅读偏好和历史，人工智能会自动推荐巴金的作品或相关文学作品，使读者更容易发现与自己兴趣相符的文学作品，同时吸引新的读者接触巴金的文学作品。

在数字化重现与互动体验方面，巴金的作品拥有广阔的应用前景。现代数字技术可将巴金小说中的经典场景进行高清重现。首先，需要从巴金的小说中挑选出具有代表性的经典场景；其次是根据选定的场景构思重现的剧本，剧本应详细描述场景中的环境、人物动作、对话以及情感表达，为后续的数字化重现提供明确的指导；再次，利用 3D 建模技术，根据小说描述和历史背景资料，精确还原选定场景的环境布局、建筑风格以及细部装饰，如《家》中的封建大家庭环境、人物形象等都可以通过精细的 3D 建模和渲染技术来展现，使读者能够更加直观地了解作品所描述的时代背景和人物关系；最后将所有制作完成的 3D 元素、动画和特效进行合成，生成并输出最终的高清视频。经过以上步骤，高清重现巴金小说中的经典场景成为可能，读者能够以全新的方式体验和

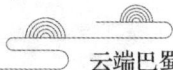

理解这些文学作品，进入沉浸式的阅读环境，甚至与小说中的人物互动，感受那个时代的氛围和生活细节。

第十章　我看：巴蜀文化数字化传播的
受众与感知

在数字媒体平台传播与分享巴蜀地区的历史遗产、风俗习惯、人文风情、宗教信仰等过程中，受众的行为和心理感知表现出多样性和复杂性的特点。从行为表征看，接受信息的大众包括巴蜀本地人、全国各地的中国人，以及对巴蜀文化感兴趣的国际受众。不同的受众对巴蜀文化的不同方面感兴趣，如美食爱好者可能关注川菜制作工艺，历史爱好者则偏好巴蜀的历史遗迹。他们在接受巴蜀文化内容后的行为反应也较为多样，如在线讨论、内容分享、参与文化活动或到当地旅游等。

从心理感知看，这些行为涵盖了受众对巴蜀文化的知识和信息的认知，如了解四川的历史、文化习俗和美食等；受众对巴蜀文化内容的情感反应，如归属感、自豪感、好奇心，以及对美食和景色的欣赏，等等。他们在互联网上的参与程度也存在差异，从被动接受信息的观众到主动参与互动、内容创作和文化传播的参与者，通过巴蜀文化的数字化传播在社交平台上的互动和社群参与，如加入四川文化爱好者群组、参与话题讨论等，找到归属感。这包括受众对巴蜀文化内容的来源和真实性的评估，如对专业媒体、知名博主或官方文化推广平台的信任。

第一节　作为数字文化消费者的受众

数字文化消费者是指那些通过数字平台和技术消费文化产品和享受服务的大众。这些文化产品和服务包括音乐、电影、电视节目、书籍、游戏、艺术品以及各种形式的在线内容。随着数字技术的飞速发展，数字文化消费者的特点和行为也在不断变化，人们正在享受前所未有的内容访问性和便利性，经由互联网连接的设备，如智能手机、平板电脑和智能电视，他们可以随时随地访问大量的文化产品和服务。这种即时访问性改变了人们消费文化内容的方式，使得碎片化和随需应变的消费成为可能。

一、主动参与消费

数字文化消费不再仅仅是被动行为，消费者可以与内容互动，参与内容的创造和分享。社交媒体平台、在线论坛和评论区为消费者提供了表达观点、交流想法和参与文化创作的空间。消费者参与数字化消费的方式多种多样，这反映了数字技术深刻改变着人们使用文化产品和享受服务的方式。

许多消费者通过参加线上的文化节、讲座或研讨会来实现对巴蜀文化的消费，如观看线上的四川话剧或参加有关四川历史与文化的线上研讨会。对巴蜀文化感兴趣的人会通过在线课程或其他数字教育平台来深入了解该地区的文化和历史，如报名参加有关四川历史、川剧面具制作或四川茶文化的在线课程。

在流媒体服务上，使用音乐、电影和电视节目的流媒体平台一般需要付费才能获取更多的视频和音乐。因此，消费者如果有对应的需求，需要主动买单，随时随地访问海量的娱乐和信息内容。在社交媒体平台上，生产者多通过社交媒体平台发布文化内容。消费者想要使用某些产品和享受某种服务，也会主动购买这些商品，包括每日新闻资讯、艺术作品等。

在一些大型的买卖平台上，消费者可以通过购买与巴蜀文化相关的产品来参与文化消费。这些文创产品包括传统手工艺品、地方特产、文化纪念品等。一些消费者还会通过参与众筹项目来支持巴蜀文化的保护和传承，如为恢复四川地区的传统建筑、支持地方艺术家或资助川剧表演的众筹项目捐款。

受众通过这些方式进行数字化消费，不仅享受到了消费的便利和个性化的体验，也参与文化的创作、分享和传播中，形成了丰富的数字文化生态。这些参与方式反映了数字技术正在扩展文化消费的边界，并为个人表达和文化交流提供了新的平台。

二、跨文化交流

跨文化交流为巴蜀文化带来了新的视角和灵感，促进了文化的创新和发展。面对全球观众的反馈和需求，巴蜀文化在传承的同时，融入了新的元素，发展出新的表现形式。这就在很大程度上促进了不同文化间的理解和尊重，有助于构建多元、包容的世界文化景观。通过分享巴蜀文化，消费者为文化多样性和全球文化遗产的保护做出了贡献。

那么，巴蜀文化消费者应该通过哪些方式参与跨文化交流？这些活动对于提升巴蜀文化的国际知名度、促进文化互鉴、推动文化创新和发展、加强经济联系，以及在教育和启发方面有什么作用？

首先，消费者通过国际社交媒体平台分享巴蜀文化，如美食、风景、艺术作品、传统节日等。通过这些分享，他们不仅展示了巴蜀的文化魅力，也促进了自身与全球观众的互动和文化交流。

其次，消费者可以在国际论坛或专业社群中参与讨论，回答有关巴蜀文化的问题，分享专业知识和个人见解。这样做不仅扩大了巴蜀文化的国际影响力，也有助于资源的共享和知识的交流，能够让公众在艺术作品中看到不同文化之间的对话和融合。

再次，消费者可以参与国际论坛、社交媒体小组等平台上的跨文化交流活动，介绍和讨论巴蜀文化，与来自不同文化背景的人分享见解和经验。这种交流不仅增进了人们对巴蜀文化的理解，也促进了巴蜀文化的国际传播。

最后，消费者可以创建多语言的内容，介绍巴蜀文化的各个方面，使其对非中文母语的国际观众更加友好和易于理解。这种方式能够有效跨越语言障碍，促进文化的国际传播。一个国际学校的中文课程设计了一个特别的项目，让学生通过虚拟现实体验四川的大熊猫保护站和成都的茶文化。这种互动式学习体验不仅增强了学生对巴蜀文化的兴趣和理解，也激发了他们对保护环境和文化遗产重要性的认识。

三、技术创新和应用

数字化消费者不仅是文化的学习者和传播者，也是通过技术创新和应用参与文化传承和创新的积极实践者。他们的消费需求对于新技术的发明、缩短技术创新周期起着重要的作用。正如思想家马克思在《〈政治经济学批判〉序言、导言》中指出："生产通过它起初当作对象生产出来的产品在消费者身上引起需要。因而，它生产出消费的对象、消费的方式和消费的动力。"同理，技术创新的核心是消费者需要并认可产品，没有消费的环节也不可能有技术的更新。

将当前的前沿技术应用于巴蜀文化中，可以开辟一系列创新的文化体验和互动方式。例如，脑机接口的作用机制是绕过外周神经和肌肉，直接在大脑与外部设备之间建立全新的通信与控制通道。它通过捕捉大脑信号并将其转换为电信号，实现信息的传输和控制。想象一下，通过脑机接口，用户通过思维控制虚拟角色的表演，包括脸谱的迅速变换。这种互动不仅增加了用户体验的沉浸感，还能让用户更深入地理解川剧变脸背后的文化意义和技艺精髓。

通过这些方式，巴蜀文化的独特魅力得以在全球范围内展示，增加了国际社会对其的认识和兴趣，提升了巴蜀文化的国际知名度。但数字鸿沟依然存在，即部分人群由于经济、地理或技能限制而无法充分访问数字文化内容。这引发了关于数字包容性和平等访问文化产品的讨论。数字文化消费还涉及版权和知识产权的问题，如内容共享等。这对内容创作者、分发者和消费者都提出了更高的要求。

作为数字文化消费者，人们享受着前所未有的文化内容访问性和多样性，但也面临着隐私、版权和数字鸿沟等挑战。随着技术的发展，这些特点和挑战将继续演变。

第二节　作为数字文化生产者的受众

数字文化生产者是指那些创造、发布和分发数字文化内容的个人或组织。这些内容包括但不限于音乐、视频、图像、文本和互动媒体。这个群体可以是个人内容创作者，也可以是大型媒体公司，主要利用数字技术和平台与广泛的受众交流。

一、低门槛进入内容制作

互联网技术降低了文化生产的门槛，使得任何有创意和连接到互联网的人都可以成为内容创作者。这在很大程度上增加了来自各种背景和专业的生产者。数字技术的发展同样降低了人们成为文化生产者的门槛，使得任何人都可以创造和分享内容。例如，视频平台允许用户免费创建账户并分享视频、图片和文字内容，以及发布文章和其他形式的内容；音乐和音频制作软件也使音乐创作变得可行，即使对于没有专业背景的用户也是手到擒来，等等。这些平台可以让创作者直接与观众互动，获取反馈、建议和支持，从而快速改进和适应受众的需求。

二、内容分发的变革

数字平台，如社交媒体、内容共享网站等，为生产者提供了前所未有的分发渠道。这些平台不仅可以让内容迅速传播，还能够触及全球受众。内容分发与传播的变革主要指的是数字化和网络化带来的一系列根本性改变，这些改变重新定义了信息、文化产品和服务如何被创造、分发和互动。这场变革影响了从传统媒体到新兴数字平台的全球传播格局，文化内容和信息的数字化使得复制、存储和传播更加高效、低成本。音乐、电影、书籍、新闻等数字形式可以在几乎没有时间延迟的情况下进行全球传播，这些信息和内容通常都在实时更新和访问，使得受众能够即时获取最新内容。新兴平台的崛起改变了内容的分发渠道，如在社交媒体、内容分享平台、流媒体服务等新媒体平台，创作者不再完全依赖传统的媒体机构进行内容分发，而是直接通过这些平台与受众互动。受众也能够积极参与内容的创造、评论和分享，如社交媒体帖子、评论和在线评价。

内容创作者和分发者还可以采用跨平台策略，确保内容可以在多个设备和平台上被访问，如智能手机、平板电脑、电视和电脑。内容聚合器和搜索引擎也让从不同来源获取信息这件事变得更加容易，增加了内容的可见性和访问性。

直播平台和技术使得实时内容创作和分发成为可能，如直播游戏、体育赛事和音乐会等。直播和其他实时内容形式允许观众即时反馈和互动，提升了受众的参与感。

内容分发与传播的这些变革不仅扩大了受众的选择和控制权，也为内容创作者提供了新的机会和挑战，促进了文化多样性、创新和全球交流。然而，它们也带来了信息过载、隐私和数据安全，以及内容质量和真实性的问题，需要通过技术创新和监管政策来解决。

三、与受众的直接互动

数字文化生产者与受众之间的互动是数字化时代文化生产和消费中一个核心和变革性的特征。这种互动通过各种方式体现，不仅改变了内容的创作和分发方式，也增强了受众的参与度和体验。数字文化生产者直接与受众互动，收集反馈，进行实时沟通，并根据受众的反应调整他们的内容。这种互动性提高了受众的参与度和忠诚度。

为了成功推广作品并吸引更多受众，数字文化生产者需要掌握一系列商业和营销策略，从而帮助他们在竞争激烈的市场中脱颖而出，建立品牌并实现商业目标。首先，数字文化生产者需要明确发布的内容旨在服务哪个受众群体，了解他们的兴趣、习惯和需求，通过调查、社交媒体分析和受众反馈收集信息，以便更好地理解目标受众。其次，数字文化生产者需要建立和维护一个一致、识别度高的个人或组织品牌形象，使用引人入胜的故事来传达品牌价值和独特性，让受众产生共鸣。再次，数字文化生产者需要生产高质量、有价值和与受众相关的内容，以吸引和保持受众的兴趣，同时利用不同的内容形式来吸引不同偏好的受众，做好内容的发布和推广。最后，数字文化生产者也可以利用一些促销活动、竞赛和赠品等来提高受众的参与度和吸引新受众。

这些互动方式不仅加深了受众对内容的理解和投入，也为文化生产者提供了宝贵的反馈和数据，帮助他们更好地理解受众需求、优化内容和开发新项目。随着技术的进步和创新，预计未来会出现更多新的互动形式，进一步丰富数字文化生态。

四、内容过载和可见性的挑战

内容过载即信息过剩现象，是数字时代生产者面临的一大挑战。在这个环境中，受众被大量的信息和内容所包围，难以筛选出对他们真正有价值的内容。对于内容生产者而言，这意味着他们的作品更难脱颖而出，吸引和保持受众的注意力。那么，如何创作高质量和有吸引力的内容？

首先，深入了解自己的目标受众，包括他们的兴趣、需求和消费习惯，以便创建更具针对性的内容。具体而言，内容生产者需要专注于特定的细分市场或利基领域，为特定群体提供高度相关和专业的内容；确保发布的内容不仅能吸引受众，还能为受众提供真正的价值，如教育性、娱乐性或实用性；从独特的角度或新颖的方式探讨主题，为受众提供与众不同的观点或见解，做好个性化内容推荐，确保内容对受众来说是相关且吸引人的。

其次，提供定制化的用户体验，如个性化的内容流或用户可以自定的内容过滤选项，设计互动性内容，鼓励受众参与讨论、分享和反馈，增加受众参与度。具体而言，内容生产者需要在多个平台发布内容，扩大受众基础，并根据每个平台的特点调整内容形式和传播策略；将一个内容项目改编成多种格式，以覆盖更广泛的受众。

再次，通过优化关键词和 SEO 策略，确保在搜索引擎上能够看见自己的排名。一方面，内容生产者要有效使用标题、描述和标签，提高相关内容在搜索引擎和社交媒体平台上的可见性；另一方面，内容生产者要定期收集和分析受众反馈，了解哪些内容最受欢迎以及它们为什么受欢迎。基于此，内容生产者才能不断调整并优化内容生产策略。

最后，面对内容过载的挑战，内容生产者需要创造性地思考如何提高内容的吸引力和独特性，并通过上述策略不断优化和调整内容和营销方法，从而在数字环境中脱颖而出，有效地吸引和保持受众的注意力。

　　作为数字文化生产者，他们享有前所未有的创作和分发机会，但也面临版权、可见性和经济模型方面的挑战。内容生产者需要不断学习和适应，如此才能在竞争激烈的数字文化领域中保持领先地位。

第三节　巴蜀文化数字化传播的受众心理感知

　　随着互联网技术的飞速发展，信息传播的速度得以加快，巴蜀文化借此东风，通过社交媒体、视频网站、在线博物馆、网络直播等多种形式，跨越地理界限，与世界各地的人们相遇。这种全新的传播方式不仅极大地丰富了巴蜀文化的呈现形式，也深刻改变了受众接收和感知文化的方式。受众心理感知是指受众在接收特定信息（如巴蜀文化）时，基于个人经验、文化背景、情感倾向等因素，所产生的心理反应和认知评价。在巴蜀文化的互联网传播过程中，受众的心理感知主要体现在以下几个方面。

一、认同感和归属感

　　认同感主要来源于受众对文化的共鸣和对传播内容的认可。巴蜀文化作为地域特色鲜明的文化形态，其数字化传播能够让受众感受到独特的文化氛围和历史底蕴。当受众通过数字化渠道接触到巴蜀文化时，会自然而然地产生一种文化上的共鸣，这种共鸣会转化为对巴蜀文化的认同感。受众在观看、阅读和体验这些数字化内容时，如果对内容产生兴趣和喜爱之情，就会形成一种心理上的认可。例如，当他们在社交媒体上看到关于成都茶馆文化、四川方言视频或关于四川美食的分享时，这种熟悉感会让他们感到亲切，即使是其他地区的观众也能感受到巴蜀文化的独特魅力。这不仅会增强受众对巴蜀文化的认同感，还促进了巴蜀

文化的传播和传承。

数字化传播打破了地理空间的限制，让不同地区的受众都能接触到巴蜀文化。通过这种方式，受众能够感受到自己与巴蜀地区人民之间的文化联系，从而产生一种归属感。这种归属感让受众觉得自己是巴蜀文化的一部分，从而会更加珍视和传承这份文化遗产。归属感是指个体将自己归属于某一社会群体，并对其产生情感上的依恋和认同。在巴蜀文化的数字化传播中，这种归属感的培养尤为重要。例如，可以构建虚拟的巴蜀文化社群，如巴蜀文化爱好者 QQ 群、微信群等。受众可以在这些社群中交流对巴蜀文化的看法，分享相关的知识和体验。同时，提供在线互动平台，如巴蜀文化主题网站、社交媒体账号等，能让受众更加便捷地参与到巴蜀文化的传播和讨论中来。

在这些网络平台上，受众不仅可以获取丰富的巴蜀文化知识，还能与其他同样热爱巴蜀文化的人建立联系，形成共同的文化认知和情感体验。受众在观看蜀绣展示、竹编制作过程等视频时，不仅仅会被精美的手工艺所吸引，更会将自己的情感寄托在这些传统手工艺上。这种互动和分享的过程不仅增强了受众对巴蜀文化的了解和认同，也让他们更加深入地融入巴蜀文化这个大家庭中来，成为其传承和发展的重要力量。通过这种方式，不仅拓宽了受众的视野，也加深了他们对巴蜀文化的归属感和依恋之情。

二、好奇心

巴蜀文化的数字化传播不是一次性的，而是可以持续更新和扩展的。不断推出新的数字化内容，如运用 5D 影像技术对新的考古发现、文化研究成果进行传播，能够持续激发和满足受众的好奇心。这是因为人们往往对新技术、新体验有着高度的兴趣和探索欲望，对于巴蜀文化这样充满地域特色和神秘感的文化形态，受众更是充满了想要了解和探索的冲动。

通过社交媒体平台，对巴蜀文化感兴趣的人可以进行交流和讨论。例如，在短视频平台上，一段关于川剧变脸的精彩表演，或者一段展示四川火锅制作过程的视频，都可能引发非当地受众的强烈兴趣。他们会好奇这种独特的表演形式是如何完成的，或者想要了解四川火锅的独特口味和烹饪方法。这种好奇心会促使他们主动评论、点赞，并加入相关的讨论社群，与其他同样对巴蜀文化感兴趣的人分享观点和感受。

再如，当一个新的考古发现在巴蜀地区被公布时，数字化的传播方式可以迅速地将这一消息传播给广大的受众。通过 5D 影像技术，受众可以身临其境地感受到考古现场的氛围，看到出土的文物，听到专家的解读。这种全新的体验方式会极大地激发受众的好奇心，让他们想要更深入地了解巴蜀文化的历史和内涵。

此外，巴蜀文化的数字化传播还可以通过各种渠道和形式，让受众深刻感受到巴蜀文化的影响力。比如，关于巴蜀文化的数字化展览和线上活动吸引了大量国内外受众的关注和参与，让他们更加深入地了解巴蜀文化的独特魅力和深厚底蕴。这种广泛的影响力和认可度进一步增强了受众对巴蜀文化的认同感和自豪感。这种互动不仅可以满足受众的好奇心，引导他们更深入地了解和探索巴蜀文化，还可以通过口碑传播吸引更多新的受众关注巴蜀文化。比如，一个受众在社交媒体上分享了自己对巴蜀文化的体验和感受，可能会引发他朋友或家人的兴趣，从而吸引他们也加入对巴蜀文化的探索和传承中来。

巴蜀文化的数字化传播通过不断推出新的数字化内容、运用新技术和社交媒体平台的互动方式，成功激发了受众的好奇心，并持续满足和延续着这种好奇心。这种方式不仅有效地促进了巴蜀文化的传播和传承，还让更多的人有机会了解和感受巴蜀文化的独特魅力和广泛影响力。

三、探索欲

探索欲是指个体对于未知事物、新知识或新体验的好奇心和渴望了解、尝试的心理倾向。它源于人类的求知欲和好奇心，是个体自我发展和认知提升的重要驱动力。当受众对某一领域或话题产生探索欲时，他们会更加主动地寻求相关信息和体验，从而增强对该领域或话题的心理感知。从巴蜀文化数字化传播的角度来看，探索欲是一个重要的驱动因素，它促使人们更深入地了解和体验巴蜀文化的独特魅力。

数字化技术通过呈现巴蜀文化的多媒体内容，如高清图片、视频、音频等，为受众创造了更加丰富和立体的感官体验。这种新颖、生动的呈现方式能够极大地激发受众的探索欲，使他们想要更深入地了解巴蜀文化的各个方面。例如，对历史和文化感兴趣的受众会被巴蜀地区悠久的历史遗迹，如三星堆、青城山、都江堰等，以及传统艺术，如蜀绣、川剧等所吸引。他们会主动通过在线课程、文化专题网站等数字化平台，来深入了解这一地域的文化。

另外，数字化传播还使得巴蜀文化的传播范围更加广泛。互联网上的川菜烹饪教程不仅让四川人在异地能够复刻家乡味道，还吸引了全国乃至全世界的美食爱好者来学习这些具有挑战性的菜肴。通过数字化平台，受众可以轻松获取关于巴蜀文化的详细信息，包括历史背景、传统习俗、艺术工艺等。这种便捷的信息获取方式满足了受众对知识的渴望和探索的需求，使他们能够更全面地了解巴蜀文化。

巴蜀文化的数字化传播通过激发受众的探索欲，增强了他们对巴蜀文化的心理感知。这种感知不仅促使受众更深入地了解和体验巴蜀文化，还通过口碑传播等方式吸引了更多新的受众关注巴蜀文化，从而有效地促进了巴蜀文化的传播和传承。

第四节 巴蜀文化数字化传播的受众媒体感知

受众媒体感知是指受众对媒体内容、媒体平台和媒体呈现方式的认知、情感和心理反应。比如，受众可能会在社交媒体上讨论对特定报道或内容的看法，或将其分享给朋友，在媒体平台上直接对内容进行评论，提供反馈或评分；受众可能因为对某个媒体品牌或个人的高度信任而选择关注他们的所有发布；受众可能因为对某个话题的高度兴趣或对报道的不信任而进行进一步的信息寻求，以验证信息的准确性。

结合巴蜀文化，受众媒体感知主要体现在如何理解、评估和吸收与巴蜀文化相关的媒体内容上。这种感知不仅影响受众对巴蜀文化的认识深度，也决定了他们对相关信息的反应和行为。受众媒体感知的表现可以通过几个维度来理解。

一、认知感知

受众对媒体内容真实性、准确性和完整性的评估，是其在接收信息时不可或缺的认知过程。这一过程不仅关乎信息本身的质量，还深刻影响着受众对媒体源的信任度及后续的信息消费行为。以巴蜀文化的媒体内容为例，当受众接触关于川剧、四川美食、古蜀文明等传统巴蜀文化的介绍时，他们不仅仅是在接收表面的信息，更需要解读这些内容背后的深层文化含义和历史背景。

不同的受众由于文化背景和知识水平的差异，对巴蜀文化内容的解读也会有所不同。有的受众具备丰富的巴蜀文化知识，能够迅速识别出媒体内容中的细微差异和潜在偏差；有的受众则对巴蜀文化比较陌生，需要借助外部资源或个人经验来辅助理解。因此，鉴别巴蜀文化内容的真实性和准确性成为受众的一个重要认知任务。

在这一过程中，受众会调动各种认知资源，包括个人经验、其他可靠信息源、专家意见以及文化背景知识等，来综合评估媒体内容的可信度。他们通过多种途径来验证信息的真实性和准确性。以社交媒体上的美食视频为例，其种类丰富多样，既有专业厨师的烹饪教学视频，又有美食博主分享的日常 vlog。当受众在社交媒体上看到关于四川美食的帖子时，他们会根据个人以往品尝四川美食的经验，或是参考其他美食博主、专业厨师的意见，甚至查阅相关的历史和文化资料，来全面评估这一食谱是否正宗、可行。例如，一位在社交媒体上拥有大量粉丝的专业厨师发布了一个美食探店视频，内容是四川宜宾的非遗小火锅，标价150元三人份。他在视频中详细描述了火锅的肉香味十足、黑鸡肉口感紧实等特点，给受众留下了深刻的印象。受众在看到这个视频后，会结合自己的品尝经验和其他美食博主的评价，在评论区给出自己的见解，并为这位厨师推荐当地的其他美食。这种互动不仅增强了受众的参与感，也进一步提升了他们对信息可信度的判断。

为了验证这些文化内容的真实性，有些受众还会亲自前往巴蜀地区，进行深入的实地考察和亲身体验，以更直观地了解当地的传统和文化。他们可能会与巴蜀地区的居民进行深入交流，倾听他们的口述历史，了解那些代代相传的传统习俗和丰富多彩的民间故事。通过这种方式，受众能够获得第一手的文化信息，直接从源头了解巴蜀文化的真实面貌。例如，有一位文化研究者为了验证关于巴蜀地区某个传统节日的报道，亲自前往该地，与当地居民共度节日。通过参与节日活动、观察仪式过程以及与居民的深入交流，他获得了大量真实、生动的文化信息，从而更加准确地评估了媒体内容的真实性。这种实地考察和亲身体验的方法，为受众提供了一个更为直接和深入的途径来了解和验证巴蜀文化的真实性和独特性。

二、行为感知

简单来说，受众的行为感知就是受众在特定情境下对自身行为以及这些行为所引发的后果或影响的认知和理解。它既包括受众对自身行为的直接感受，也包括对外界环境、信息内容等因素如何影响自身行为的间接认知。这种感知机制在受众与信息互动的过程中起着至关重要的作用。

一般而言，受众会基于个人兴趣和价值观，有选择地关注巴蜀文化的特定方面。例如，对川剧表演感兴趣的受众，可能会主动寻找并订阅相关的视频频道，如"川剧大观园"或"巴蜀戏曲精粹"，以便持续获取这方面的内容。他们不仅观看表演，还会积极参与评论和点赞，与川剧文化紧密相关的群体进行互动。这种选择性的关注行为反映了受众在信息接收过程中的主动性和偏好性，也体现了他们对巴蜀文化特定方面的浓厚兴趣和深度参与。

当遇到感兴趣的巴蜀文化内容时，受众不会仅仅停留在表面，而是会进一步搜索相关信息，以验证和深化自己的理解。例如，他们在观看了一段关于四川历史的视频后，可能会主动在图书馆或在线数据库中查找更多的历史文献，如《四川通史》或相关学术论文，以获取更全面、更深入的知识。他们还可能关注一些历史专家的微博，阅读其对四川历史的解读和评论。这种深入搜索和验证的行为体现了受众对媒体内容真实性和准确性的高度关注，也显示了他们在构建自己知识体系时的主动性和批判性。

此外，受众还会在社交平台上与他人分享和讨论自己对巴蜀文化的理解和体验。通过这种互动，他们不仅能够促进文化的传播和理解，还能够从他人的反馈和观点中获取新的信息和视角，从而进一步丰富和深化自己对巴蜀文化的认知。例如，一位受众在微博上分享了自己对四川方言的独特见解，引发了其他网友的热烈讨论和补充，使他更加全面地了解了四川方言的多样性和历史背景。

最后，受到巴蜀文化内容启发的受众还会尝试将所学、所得应用到实际生活中。例如，他们可能会在家中尝试制作四川菜，如麻婆豆腐或水煮鱼，以亲身体验四川美食的魅力；或者参加四川方言的学习班，努力学习并模仿四川话的发音和语调，以实际行动来体验和传承巴蜀文化。这种实践性的行为感知，不仅体现了受众对巴蜀文化的热爱和认同，也进一步推动了巴蜀文化的传播和发展，使它在现代社会中焕发出新的生机。

三、社交感知

与行为感知、认知感知在互动对象和感知内容上有所差异，社交感知是一个更为复杂且多维度的概念。社交感知指的是个体或群体通过社交媒体和网络平台对信息、文化、社会事件等的认知、理解和情感反应的过程。它不仅包括信息的获取和解读，还涉及在社交网络中分享、讨论这些信息的方式，以及这些社交互动如何影响个人的观点和情绪。更具体地说，社交感知侧重于受众在社交媒体中的社交互动和关系建立，强调个体在社交媒体环境中如何与他人建立联系，形成特定的社交圈子，并维护这些社交关系。

在社交媒体上，用户通过点赞、评论、分享等多样化的行为与其他用户建立紧密的联系，逐渐形成具有共同兴趣和价值观的社交圈子。这些行为不仅体现了用户对社交关系的积极维护，也展示了他们对社群归属感的强烈认同。同时，用户对互动反馈的关注，如关注量、点赞数、评论内容等，都深刻反映了社交感知在社交媒体使用过程中的重要作用。例如，用户在社交媒体上关注并积极参与自己感兴趣的话题的讨论，通过这种方式形成并巩固特定的社交圈子。

以歌手张杰在微博上发布的巴蜀风格的新专辑《要得》为例，这一行为不仅展示了巴蜀文化的独特魅力，还通过社交媒体的广泛传播，吸引了 20 万用户粉丝的点赞、评论和转发。这些用户通过社交媒体平台上的互动，进一步传播了巴蜀文化元素，如四川的戏曲、美食、传统节日、历史故事等。这种形式的传播使得更多的人能够以更便捷的方式接触并了解巴蜀文化，从而促进了文化的传播和交流。这也充分证明了社交感知在社交媒体文化传播中的强大影响力和重要作用。

社交媒体平台的互动特性极大地加强了受众与巴蜀文化之间的互动。人们不仅可以在线上欣赏到丰富多彩的巴蜀文化，如传统的戏曲表演、精美的手工艺品、诱人的美食图片等，还可以通过评论、分享、点赞等多样化的方式积极参与到文化的传播中去，从而更加深入地了解和体验巴蜀文化的独特魅力。在社交媒体这个充满活力的环境下，巴蜀文化不再是一个固定不变的概念，而是在与现代生活方式和技术的紧密结合中不断发展和演变。

以年轻的一代为例，他们会将巴蜀文化与现代流行元素巧妙地结合起来，创造出全新的文化形式和表现方式。比如，有人可能将巴蜀的传统戏曲元素融入现代音乐中，创作出别具一格的"巴蜀风"歌曲；有人可能将巴蜀的美食文化与现代的烹饪技术相结合，制作出令人耳目一新的菜品。这种对巴蜀文化的创新演绎不仅丰富了巴蜀文化的内涵，也使其更加贴近现代人的生活，而这种创新也被社交媒体快速传播和广泛接受。通过社交媒体的力量，巴蜀文化得以在更广泛的范围内传播，同时不断地吸收新的元素，焕发出新的生机。

社交媒体平台使得具有共同文化兴趣和背景的人们聚集起来，形成了以巴蜀文化为核心的线上社交圈。这些圈子不仅是文化传播的渠道，也是人们共享文化体验、讨论文化问题、构建文化认同的空间。

四、特定媒体感知

特定媒体感知，顾名思义，是指个体对于某一特定媒体形式或内容所产生的感知和理解。这种感知不仅包括对媒体传递信息的直接接收，还涉及个体如何根据自身的经验、背景、情感等因素对这些信息进行解读、评价和反应。特定媒体感知是媒介知觉的一种具体表现，它体现了媒介与受众之间的互动关系。受众对特定媒体或信息来源的信任程度，是媒体感知中一个核心而复杂的维度。这种信任不仅基于信息提供者（如记者、专家、名人）的专业性和可靠性评估，还深受个人经历、价值观、需求、文化背景和社会环境等多重因素的交织影响。受众在接收媒体信息时，会不自觉地将这些因素融入对信息的解读中，形成一个多维度的感知框架。

在这个感知框架内，受众会评估信息提供者的专业背景、过往表现以及其在特定领域的权威度，这些因素直接影响受众对信息可信度的判断。同时，受众的个人经历和价值观会起到筛选和解释信息的作用，使得不同的人对同一媒体内容产生截然不同的理解和情感反应。

文化背景和社会环境同样在塑造受众的媒体感知中扮演着重要角色。不同的文化和社会规范会影响受众对信息的接受度和解释方式，有时甚至会导致信息在特定群体中的传播效果和解读产生显著差异。比如，巴蜀文化的数字化传播让四川的传统和现代文化得以跨越地理界限，触及全球受众。在这一过程中，受众的多样化背景和个性化需求影响了他们对巴蜀文化内容的认知和情感感知。对于非巴蜀地区的受众来说，他们更倾向于通过数字化的互动体验来感受巴蜀文化的独特魅力，而对于巴蜀本地的受众来说，他们更注重文化内容的真实性和深度。这些不同的感知方式进一步影响了受众的行为和社交互动方式，如分享、讨论和参与相关文化活动等。

受众将这些多维度的感知转化为具体的情感反应和行为，这些反应和行为又进一步反馈给媒体制作者，形成一个动态的互动循环。了解这一感知过程对于媒体制作者来说至关重要，有助于其更精准地把握受众需求，调整内容策略，提高信息的传播效果和影响力。例如，某巴蜀文化旅游节目在制作过程中，通过社交媒体收集了大量受众的反馈和互动数据。节目组发现，受众对于巴蜀地区的历史遗迹和民俗文化表现出浓厚的兴趣，于是加大了对这些内容的展示力度，并采用了虚拟现实技术，让观众能够身临其境地感受巴蜀文化的魅力。这一调整不仅提升了节目的收视率，还增强了受众对巴蜀文化的认知和情感认同。

此外，巴蜀文化的数字化传播还通过社交媒体平台上的用户生成内容（UGC）得到进一步推动。用户通过分享自己的巴蜀文化体验、创作与巴蜀文化相关的内容，不仅丰富了巴蜀文化的数字化呈现，还增强了其传播力和影响力。例如，一些旅游博主或文化爱好者会在微博、抖音等平台上分享他们在巴蜀地区的旅行经历、美食探索或文化解读，这些内容以其真实性和贴近性吸引了大量关注和互动，进一步扩大了巴蜀文化的受众范围。

综上所述，通过深入研究受众的媒体感知机制，媒体制作者可以更有效地传达信息，与受众之间建立信任关系，从而在竞争激烈的媒体环境中脱颖而出。在巴蜀文化数字化传播的背景下，媒体制作者需要不断创新传播手段，如利用虚拟现实、增强现实等新技术提供沉浸式文化体验，同时注重内容的多样性和包容性，以满足不同受众群体的需求，促进巴蜀文化的广泛传播和深入交流。

第十一章　反思：巴蜀文化数字化传播中的负效应消解

第一节　巴蜀文化数字化传播负面影响的消解

在数字化浪潮席卷全球的今天，巴蜀文化的传播迎来了前所未有的机遇与挑战。数字技术为巴蜀文化的广泛传播提供了便捷的渠道，但也有诸多负面影响随之而来，如信息的失真、文化的同质化以及过度商业化等。这些问题不仅损害了巴蜀文化的原真性，也影响了公众对巴蜀文化的正确认知。因此，消解巴蜀文化数字化传播的负面影响十分迫切。这里提出了一些切实可行的消解策略，以期在保护巴蜀文化独特魅力的同时，推动其更广泛、更深入地传播。

在传播巴蜀文化的过程中，确保巴蜀文化研究专家、学者的深度参与，从而在源头上保证传播内容的准确性和权威性。他们的专业知识和对巴蜀文化的深刻理解，能够确保所传播的信息是真实、准确的，避免误导公众。对于巴蜀文化数字化的内容，如音乐作品、艺术作品、文学作品等，应加强版权保护，使用数字水印、版权声明等手段来保护原创内容，并对非法复制和分发采取必要的法律措施。

　　虽然商业化可以提升巴蜀文化传播的速度，但应注意保持文化价值和商业利益之间的平衡，确保巴蜀文化的核心价值得到准确呈现和尊重，以创新的方式融入产品服务，使其既吸引现代消费者，又保留文化精髓，避免过度商业化导致文化内涵的流失。例如，巴蜀文化可以通过教育活动进一步推广，如举办游学、工作坊等，让当地社区参与到商业化过程中，确保文化真实性的同时，真正做到融入群众，实现商业利益与文化传承的平衡。

　　公众意识提升有助于保护巴蜀地区丰富的文化遗产，防止其因现代化与经济数字化的同化而趋于消失。同时，公众意识提升可以促进文化的传承，使年轻的一代理解更加深层的价值，从而更加尊重和珍惜文化遗产。教育和宣传是提升公众保护意识的有效手段，如通过学校教育、社区讲座、媒体宣传等途径普及巴蜀文化；通过组织文化节、展览、工作坊等活动，让公众亲自体验与参与，等等。

　　建立专门介绍巴蜀文化的网站或社交媒体账号等线上平台，同时对传统文化元素，如戏曲、民俗、手工艺品等进行数字化创新，开发互动式教育工具和游戏等，以吸引更多年龄段的用户；借助线上平台带来的流量推广线下展览、讲座等文化活动，并与其他文化组织或教育机构合作，共享资源，提高内容质量和影响力。例如，创建一个关于巴蜀文化的网站，发布关于巴蜀历史、艺术、民俗的详细文章和视频；在社交媒体平台上建立专属账号，定期发布与巴蜀文化相关的有趣内容与互动话题；开展在线文化课程和讲座，利用直播或视频教程的形式，提供与巴蜀文化相关的在线教育课程和讲座；通过制作故事性强、视觉效果丰富的短视频或动画，讲述巴蜀文化的故事与传说。

　　除了以上提到的多元化传播方式，还应鼓励线下的面对面交流与文化活动、展览和讲座，促进文化的直接体验和深入理解；通过国际合作和文化交流促进跨文化交流，对于传播巴蜀文化，提升其国际影响力具有重要意义。这些上下游综合措施可以在保护和传承巴蜀文化的同时，消解巴蜀文化数字化传播中的负面影响。

第二节　巴蜀文化数字化传播的伦理失范与治理

互联网技术重塑了人们的日常生活方式，而纷繁复杂的数字化传播方式在为人们带来前所未有的便利性的同时，引发了系列伦理失范问题，如个人隐私泄露、网络诈骗、信息被非法复制和滥用等。要想有效解决巴蜀文化数字化传播中的伦理失范问题，需要构建一个多维度的综合治理框架，该框架应综合考虑法律、技术和社会伦理等多个层面的措施。

首先，加强法律法规建设。个人隐私泄露、网络诈骗等伦理失范行为造成了网络生活的失序，也在一定程度上影响了真实生活中的社会秩序，因此完善立法，加强网络伦理规范建设十分必要。巴蜀文化的数字化传播同样离不开法律法规的保障。许多人在现实生活中认为互联网是虚拟世界，将网络世界当作娱乐和游戏的一隅，对其缺乏必要的了解和认知，从而忽视了自己的错误行为。对此，政府与网络监管部门应颁布相应的法律法规，加强网络道德教育，通过教育和宣传活动提高公众对文化伦理的认识，使他们充分意识到网络不是法外之地，如果打破道德原则，将受到严格的法律制裁。

其次，鼓励跨界合作。社会、技术等领域应加强合作，共同探讨和解决数字化传播中的伦理失范问题。在社会方面，企业和媒体在传播文化内容时应承担起社会责任，避免过度商业化，设立监督机构或平台，对数字化文化传播进行监督，并为公众提供反馈渠道，及时处理相关问题。

在应对巴蜀文化数字化传播中的伦理失范问题时，提升技术手段也是至关重要的策略之一。政府、企业和媒体作为关键的参与主体，应当积极投身于新技术的研发与应用，以技术为支撑，构建起坚实的保护屏障。具体而言，版权保护软件的研发与应用能够有效防止巴蜀文化内容被非法复制和滥用，它通过为文化产品嵌入独特的数字水印或加密标识，实现对版权信息的追踪与管理，从而确保原创者的权益不受侵害。与此同时，内容审核算法的运用显得尤为重要，它能够自动识别并过滤掉侵犯隐私、恶意篡改等不良内容，确保巴蜀文化的数字化传播在健康、正面的轨道上前行。

以某文化传媒公司为例，该公司在巴蜀文化数字化传播领域取得了显著成效。其自主研发了一个先进的版权保护软件，该软件能够为每一个巴蜀文化数字化内容生成唯一的版权证书，并在全球范围内进行实时监控，一旦发现有非法复制或滥用的行为，立即启动法律程序进行维权。此外，该公司还投入大量资源研发内容审核算法，该算法结合了人工智能与大数据分析技术，能够准确识别出侵犯隐私、诽谤造谣等不良信息，并及时进行拦截与处理，从而确保了巴蜀文化数字化传播环境的清朗。

这些措施的落地与执行有利于建立更加健康和可持续的数字化文化传播环境。政府、企业和媒体在巴蜀文化数字化传播中应积极研发并应用新的技术手段，如版权保护软件、内容审核算法等，以保护文化内容不被非法复制和滥用。这不仅是对原创者权益的尊重与保护，更是推动巴蜀文化在数字化时代健康、有序传播的重要保障。

第三节　巴蜀文化数字化传播中的版权保护

版权是指对于创作的原创作品的著作权、复制权、发行权等法定权利。它授予创作者或权利人一定的权利，防止他人未经授权使用、复制、分发或展示该作品。文化产业以创意为核心，而版权保护是维护这一创意价值的法律工具。版权也是文化产业的基础和核心资源，版权保护是文化产业健康发展的保障和动力源泉，而文化产业是版权保护的重要应用领域和展示舞台。

从这一层面来看，版权保护不仅为文化产业构筑了坚实的法律框架，还为其繁荣发展注入了强劲动力。在数字化浪潮席卷全球的今天，尽管信息传播的速度与广度达到了前所未有的程度，但侵权、盗版等不法行为依然屡禁不绝，对数字内容的合法传播构成了严重威胁。在此背景下，版权保护对于确保数字内容创作者和权利人的合法权益，维护市场秩序，以及促进文化产业的健康发展显得尤为重要。

以巴蜀文化为例，作为中国文化产业中一个独具特色的分支，其与版权保护的联系尤为紧密。文化产业在推动巴蜀文化传承、发展与输出方面扮演着举足轻重的角色。它不仅为巴蜀文化的广泛传播和深入发展提供了坚实的平台与有力支持，还从巴蜀文化中汲取了丰富的灵感与创意，二者之间形成了相辅相成、互为促进的紧密关系。这种良性互动不仅有助于巴蜀文化的有效继承与创新发展，还为其在当代社会中的持续繁荣提供了有力保障。

因此，保护巴蜀文化的版权，从某种程度上来说，就是保护文化产业的版权。鉴于互联网传播的全球性特征，保护巴蜀文化的版权不仅有助于维护世界文化的多样性与丰富性，还能促进不同文化之间的交流与互鉴，为构建更加和谐多元的国际文化生态贡献力量。例如，通过严格的版权保护措施，可以确保巴蜀文化的数字内容在国际传播中不受侵权、盗版的侵扰，从而以更加真实、完整的面貌展现在全球观众面前，进一步增强其国际影响力。

那么，如何做好版权保护工作？

第一，强化版权法律框架及其执行力度。一方面，制定并完善针对数字文化内容特性的版权法律法规，确保法律体系能够适应新兴媒介和技术的发展，如针对网络直播、短视频等新兴传播形式的版权规定；另一方面，加大执法力度，对侵犯版权的行为实施严厉打击。例如，中国近年来通过"剑网行动"有效遏制了网络侵权、盗版行为。

第二，深化版权教育与培训体系。首先，应将版权教育纳入从小学至大学的教育体系之中，如设置专门的版权知识课程或工作坊，通过课程教育使学生自幼培养起版权意识。其次，针对创作者、教育工作者、媒体从业者等群体开展专业培训，如举办著作权法研讨会、开设在线版权课程等，提升其法律素养和实践能力，帮助他们更好地理解和遵守版权原则。

第三，运用先进技术手段加强版权保护。利用数字水印、加密技术等创新手段，可以有效保护数字化文化内容免受非法侵害。例如，通过版权管理和监控系统，可以高效检测并预防未经授权的复制和分发行为。

第四，拓宽公众宣传渠道，提升版权保护意识。媒体、社交网络、文化节庆活动等均可作为宣传版权重要性的有效渠道。比如，制作并传播教育性视频、图文内容，如"版权小课堂"系列短视频，以提高公众对版权保护的认识和重视程度。

第五，鼓励并促进文化内容的合法使用与传播。通过建立版权信息数据库、提供便捷合理的版权授权渠道等方式，可以有效促进文化资源的合法流通。例如，四川地区可以建立巴蜀文化版权交易平台，这样既保护了创作者的权益，又便于文化产品的合法使用与推广，进而提升了巴蜀文化的国际影响力，增强了本地居民的文化认同感，激励其积极参与地域文化的保护与传承工作。

第十二章　展望：数字化传播背景下 巴蜀文化的未来

在数字化传播的大背景下，巴蜀文化正展现出前所未有的活力与潜力。数字化技术为巴蜀文化的传播提供了更为广阔的平台和更为多样的形式。传统的口耳相传、文字记载逐渐让位于数字图像、音频、视频等多媒体形式，使得巴蜀文化的魅力得以更加直观、生动地展现给大众。

从趋势上看，巴蜀文化的数字化传播将更加注重用户体验和互动性。借助虚拟影像、动态捕捉等先进技术，观众可以身临其境地感受巴蜀文化的魅力，实现与文化的"零距离"接触。同时，社交媒体、短视频等平台的兴起为巴蜀文化的传播提供了新的渠道，让更多人能够便捷地了解和欣赏到巴蜀文化的独特之处。

展望未来，巴蜀文化的数字化还将深入文化保护与研究的领域。通过数字化的手段，学者能够对巴蜀地区的文物、古迹进行高精度的记录和复原，为文化遗产的保护提供有力支持；数字化技术还可以助力巴蜀文化的学术研究，通过数据挖掘和分析，揭示文化现象背后的深层规律和内在联系。

然而，数字化与巴蜀文化融合的过程中也面临着一些挑战。如何保护知识产权、确保数据安全、提高技术应用的普及率等问题都需要相关政府部门和学者进行深入思考和解决。此外，数字化技术的快速发展也对文化工作者的技能提出了更高的要求，因此需要不断加强人才培养和技术更新。

巴蜀文化的数字化不仅是对中华优秀传统文化的传承与弘扬，更是对文化创新的有益尝试。在数字化的过程中，各方面将不断探索巴蜀文化与现代科技相结合的新模式，推动巴蜀文化走向世界，成为人类文明的共同财富。

第一节　科技投入：数字化与智能化相融合

2020 年 5 月，中央宣传部文化体制改革和发展办公室下发了《关于做好国家文化大数据体系建设工作的通知》，明确提出推进文化和科技深度融合。从国家政策中可以看出，科技与文化是相辅相成的，科技有助于传播中华优秀传统文化，衍生出全新文化产品；文化反过来能够推动科学技术不断进步。当前，5G、虚拟现实、人工智能、元宇宙等数字技术迅速发展并广泛应用于文化领域，使巴蜀文化的传播迎来一个崭新的时代。

从科技投入的角度看，数字化与智能化的融合不仅为巴蜀文化的传承与创新提供了强大的技术支持，还为中华优秀传统文化的广泛传播开辟了新的路径。首先，数字化技术为巴蜀文化的保存与展示带来了革命性的变革。传统的文化展示方式受限于物理空间和时间，而数字化技术打破了这些限制，如新兴的数字孪生技术在巴蜀文化的数字化传播中发挥着重要作用，它通过数字模型来模拟和仿真物理世界中的实体，实现虚拟与现实的交互与映射。对于巴蜀文化而言，这一技术的引入不仅仅意味着文化展示方式的革新，更代表着文化保护的新思路。这意味着可以通过数字化手段创建一个虚拟的、与现实世界并行的巴蜀文化空间，在这一空间中重现巴蜀的历史建筑、景观和文化遗产，让人们可以在任何时间、任何地点，通过虚拟现实设备亲身体验巴蜀的古老风情。这不仅能够大大拓宽巴蜀文化的受众范围，还能使受众对巴蜀文化的体验变得更加生动和真实。数字孪生还为巴蜀文化的保护和修复工作提供了强大的支持。通过高精度的数字模型，文保工作者可以对文物进行无损的检测和分析，制定更为精确的修复方案。借助数字孪生技术，艺术家和创作者也可在虚拟空间中进行创作和表演，打破传统的时空限制，为巴蜀文化的创新表达提供无限可能。

其次，巴蜀文化的传播基于数字化技术的应用变得更加精准和高效。大数据分析和人工智能技术在传播传统巴蜀文化的同时，能够对用户的兴趣偏好进行深入挖掘，从而为他们推送更加个性化的巴蜀文化内容。区块链技术因其不可篡改的数据记录、去中心化的数据存储、智能合约的自动化执行以及较强的版权保护和追溯能力等特点，为巴蜀文化的传播提供了更加精准高效的数据支持。具体而言，区块链技术能够将数据库中的数据分成不同的区块，每个区块通过特定的信息链接到上一区块的后面，前后顺连形成一套完整的数据。这一技术正好可以帮助传统文化行业进行数字化转型，为巴蜀文化的数字化传播提供了新的保障和可能性。第一，区块链能够确保巴蜀文化数字内容的真实性和完整性。由于区块链具有不可篡改性，巴蜀文化的相关数据一旦被记录在区块链上，就能够永久保存，并且无法被恶意修改。这为巴蜀文化的保护和传承提供了强有力的技术支持。第二，区块链有助于提升巴蜀文化数字内容交易的透明度和可信度。通过智能合约等机制，对巴蜀文化数字作品的交易可以进行版权登记、交易追踪和自动执行等操作，从而确保创作者的权益得到充分保护，同时为收藏者和投资者提供更加明确和可信的交易环境。第三，区块链能够提升巴蜀文化数字内容的互动性和参与度。例如，可以利用区块链的分布式账本特性构建一个去中心化的巴蜀文化社区，让全球的文化爱好者和研究者都能够参与巴蜀文化的传播、讨论和创新，形成更加开放、多元的文化生态。

最后，数字化与智能化的融合还推动了巴蜀文化与旅游产业的深度融合。人工智能技术的运用使游客能够在虚拟现实中体验巴蜀的历史风情和文化特色，这不仅丰富了旅游体验，还大大提升了巴蜀文化的吸引力和影响力。例如，在一个经由人工智能打造的虚拟又真实的世界里，古老的巴蜀建筑，如锦里、宽窄巷子都能被精准复原，每一砖一瓦都透出浓浓的历史韵味。在这里，参与者能跨越时空的界限，亲身体验巴蜀文化的魅力，漫步在虚拟的巴蜀街道上，仿佛能闻到那独特的川菜香味，听到悠扬的川剧唱腔。参与者可凭借自己的想象，对虚拟空间进行设计，它既可以是博物馆，又可以是艺术画廊，还可以是文化村落。这种虚拟空间不仅仅是对巴蜀文化的一次全面展示，更是一个开放、互动的文化体验平台。用户在这里参与各种虚拟的文化活动，如川剧表演、茶艺展示、传统手工艺制作等，深入感受巴蜀文化的独特魅力。这个空间还能为艺术家和创作者提供一个全新的创作平台，便于他们在这里施展才华，以巴蜀文化为灵感，创作出更多富有创意的作品。智能化的巴蜀文化空间还将成为连接全球巴蜀文化爱好者的桥梁。在这里，人们可以跨越地域的限制，共同探讨和传承巴蜀文化，让巴蜀文化的魅力在元宇宙中精彩绽放。

第二节　政府引领：文化保护与国家安全相统一

传统文化能够实现保护性传承与广泛传播，离不开政府的支持与帮助，政府通过制定政策、提供资金支持和建立保护机制等措施，为传统文化的传承和发展提供了有力的保障。同时，传统文化保护对政府也具有重要意义，有助于塑造国家文化形象、促进社会和谐与稳定以及推动经济发展。为了使传统文化更好地传播与传承，我国政府顺应数字化时代，颁布了文化数字化政策。2022 年 5 月，中共中央办公厅、国务院办公厅印发《关于推进实施国家文化数字化战略的意见》，指出到"十四五"时期末，基本建成文化数字化基础设施和服务平台，形成线上线下融合互动、立体覆盖的文化服务供给体系；到 2035 年，建成物理分布、逻辑关联、快速链接、高效搜索、全面共享、重点集成的国家文化大数据体系，中华文化全景呈现，中华文化数字化成果全民共享。这意味着未来我国文化产业将继续向规范化、法治化、产权化方向转变，有序健康发展将成为文化产业未来的发展趋势。

从政府引领的角度来看，如何在数字化传播中实现文化保护与国家安全相统一是一个值得深入探讨的课题。国家文化安全是指国家在文化领域内，保障文化独立性、文化多样性和文化自主权，维护国家文化安全的能力和条件。这不仅关乎国家的文化认同、文化传承和文化创新，更对国家的长治久安和可持续发展具有重要意义。

数字化传播为巴蜀文化的普及和推广提供了强大的动力。通过电子书籍、数字影像等多种形式，巴蜀地区的丰富民俗文化和历史遗产得以生动展现，并吸引了更多人的关注。这不仅增强了大众对巴蜀文化的认同感，也为巴蜀旅游业的发展注入了新的活力。然而，在数字化传播的过程中，文化保护问题不容忽视。巴蜀文化作为中华优秀传统文化的重要组成部分，具有深厚的历史底蕴和独特的艺术价值。在数字化进程中，各方必须注重对巴蜀文化的尊重和保护，避免过度商业化和低俗化，确保巴蜀文化的核心价值不被破坏。

国家安全也是数字化传播中必须考虑的因素。文化安全是国家安全的重要组成部分，关系到国家的稳定和发展。在数字化时代，信息传播的速度和范围都在深度扩展，这也给文化安全带来了新的挑战。与此同时，政府应加强对数字化传播内容的监管，防止不良信息的传播，维护国家文化安全。

为了实现文化保护与国家安全相统一，相关政府部门应加强立法工作，制定和完善相关法律法规，为数字化传播提供法律保障。近年来，为了适应数字经济发展需要，我国出台了多部互联网领域的基础性法律，对数字经济发展起到了直接的服务保障作用，网络法律体系越来越完备。针对数字化传播，政府需要把握互联网发展规律，继续大力推进网络法律制度建设，进一步细化法规，明确数字化内容的版权归属、使用权限和传播规范，支持数字化技术的研发和应用，推动数字化传播行业的技术进步和产业升级。

在数字化传播过程中，数据保护和隐私安全是至关重要的。从个人隐私方面看，个人隐私包括姓名、地址、电话号码、电子邮件地址等。如果这些信息被不法分子获取并滥用，个人就会受到骚扰，甚至遭到诈骗或其他形式的侵犯。从维护国家安全方面看，个人信息的大规模泄露可能会被敌对国家或组织利用，从而对国家安全构成威胁。政府通过法律手段保护这些数据，可以防止敏感信息外泄，从而维护国家的安全和稳定。从促进文化保护方面看，文化信息往往与个人数据紧密相连，特别是在数字化时代，很多文化遗产和传统文化都以数据形式存储和传播。保护这些数据不被滥用或泄露有助于维护文化的纯粹性。因此，政府应制定严格的网络数据保护法律，确保个人信息不被滥用或泄露。例如，政府可以规定数字化平台在收集、存储和使用用户数据时必须遵守的原则和规范，以及违反规定应承担的法律责任。政府应立法明确数字化传播内容的合法性和合规性标准，防止不良信息的传播。这包括通过制定法规来界定什么是合法和合规的数字化内容，以及如何处理违法和不合规的内容。

巴蜀文化以其鲜明的地域性、强烈的反叛意识和革新精神、瑰丽飘逸的思想、至情至性的品格著称。这种独特性是巴蜀地区的宝贵文化遗产，对于国家文化多样性和丰富性的贡献不可忽视。保护巴蜀文化的独特性是保护国家文化安全的重要部分。政府应支持研发机构针对巴蜀文化进行专项技术研发，这既有利于保护这一独特地域文化的传承与发展，又有助于维护国家的文化安全和信息安全。政府可设立技术创新奖励机制，鼓励研发机构针对巴蜀文化的数字化进行技术革新，如开发适用于巴蜀地区文物数字化高清重现的技术，或者设计能够精准捕捉和展示巴蜀非物质文化遗产表演艺术特色的数字化工具；政府还可通过举办技术创新大赛、提供研发资金补贴等方式，激发创新活力，让更多人了解巴蜀文化的独特魅力和保护巴蜀文化的重要性。

第三节　企业创新：文化保护与创新模式多元化

企业创新与文化保护是相辅相成的，它们之间的关系既微妙又重要，两者都致力推动社会的进步和发展。企业创新通过不断引入新的思想、方法、产品或服务，提升社会的生产力和生活水平；文化保护通过传承和弘扬传统文化，提升社会的文化软实力和民族认同感。

企业可以通过利用高分辨率扫描和虚拟现实等技术，对巴蜀地区的文化遗产进行数字化储存和再现。这不仅可以永久保存这些珍贵的文物，还能通过虚拟展览、在线互动等方式，让更多人随时随地欣赏和学习巴蜀文化。以数字化技术保存的文物高清影像和数据能够防止时间和环境因素对文化遗产的破坏。借助互联网平台，企业可以创新文化传播方式，如开发文化类 App、创立文化视频平台、设立 AI 虚拟文化宣传者等，让巴蜀文化以更现代、更易于接受的形式触及更广泛的受众。

巴蜀文化中的元素、故事和价值观能够为企业创新提供丰富的灵感来源。企业可将巴蜀文化元素融入产品设计，创造出独特且具有文化内涵的产品，如开发具有巴蜀文化特色的手机应用，其界面设计融入巴蜀符号，给用户提供独特的体验，以青铜立人像、蜀绣、川剧人物图标等元素增强用户的文化沉浸感。

企业在创新过程中应注重对巴蜀文化的保护，始终牢记文化保护的责任。巴蜀文化的传承和保护需要大量的人力、物力和财力的投入，企业可以通过资助相关文化项目、设立文化基金等方式，为巴蜀文化的传承和保护提供支持。企业还可以通过与文化机构、高校等进行跨领域合作，汲取更多的灵感和资源，合作研发出具有深厚文化内涵的新产品或服务，培养具有创新思维和文化素养的人才。这种合作模式能够为企业带来无限的可能性，不仅能丰富企业的产品线，使其更加多样化和特色化，还能在推广产品、获得人才的同时，促进巴蜀文化的传承和发展，实现商业价值和文化价值的双重提升。

通过技术创新、内容创新和跨领域合作，企业不仅可以推动巴蜀文化的广泛传播，还能在保护传统文化的同时实现商业价值。然而，这一切都需要建立在对巴蜀文化的深入理解和尊重之上，确保企业创新与文化保护的和谐统一。

第四节　民众参与：传受关系的进一步迭代

从传播学理论的角度来看，巴蜀文化的数字化传播过程中的民众参与，实际上是一种参与式传播模式的实践。这种模式突破了传统的一对多、单向度的传播方式，转向了一种更加动态、互动和多元化的传播形态。传统的巴蜀文化传播中，传播者往往占据主导地位，而受众处于被动接受的地位。然而，在数字化传播中，传受关系发生了深刻的转变。民众参与巴蜀文化传播的门槛大大降低，他们不仅仅是文化的接受者，更是文化的创造者和传播者。通过网络平台，普通民众可以轻松地分享和传播巴蜀文化，形成了"人人都是传播者"的局面。亨利·詹金斯在《文本盗猎者：电视粉丝与参与式文化》中曾提出："粉丝利用文化产品作为原材料，创造出自己的文化。他们挪用或混剪流行文化，以此为基础，创造出同人小说、视频、角色扮演和音乐。"①此处的"粉丝"即文化的参与者，他们能够通过社交媒体等渠道，积极分享和传播巴蜀文化，形成多元化的传播格局。这种高度的参与性使得巴蜀文化的传播更加广泛、深入，吸引更多人的关注。这种内容创作方式不仅丰富了巴蜀文化的传播形式，还提高了受众的参与感和归属感，为巴蜀文化的创新和发展注入了新的活力。在数字化平台上还有许多关于巴蜀文化的社区论坛。这些社区论坛为参与者提供了一个交流和分享的平台，使他们能够更深入地了解和探讨巴蜀文化，也吸引了大量专家学者参与，为巴蜀文化的传承和发展提供重要支持。以成都金沙遗址博物馆为例，其社交媒体账号的访问量、粉丝量持续增长，其微博账号的粉丝数已接近 60 万。这一数字表明，越来越多的民众通过数字平台了解和关注巴蜀文化。

从更广泛的社会影响来看，巴蜀文化数字化传播中的民众参与也提升了公民的媒介素养，这实际上是一种参与式传播模式的实践。这种模式突破了传统的一对多、单向度的传播方式，转向了一种更加动态、互动和多元化的传播形态。在这一过程中，民众的媒介素养得到了显著提升，这不仅仅是因为他们学会了如何寻找、整合和传播信息，更重要的是他们学会了如何在多元化的信息环境中进行选择和判断。首先，在数字化时代，信息泛滥已成为一个显著的问题，如何从海量信息中筛选出有价值、真实可靠的信息，已成为一项重要的媒介素养。巴蜀文化的数字化传播为民众提供了实践这一技能的场景，帮助他们在实际操作中学会如何有效地筛选和整合信息。其次，传播信息能力的提升不仅仅涉及技术层面的操作，更涉及传播策略的选择和传播效果的评估。在参与巴蜀文化的数字化传播过程中，民众需要思考如何选择合适的传播渠道、如何构建有效的传播内容，以及如何评估传播效果。这一系列的过程是一种传播实践，也是进行选择和判断的过程。最后，在数字化传播环境中，不同的声音和观点层出不穷，如何识别和尊重这些差异，做出正确

---

① 詹金斯 . 文本盗猎者：电视粉丝与参与式文化 [M]. 北京：北京大学出版社，2016：7.

的选择和判断也是一项重要的媒介素养。通过参与巴蜀文化的数字化传播，民众能够学会在多元的信息环境中保持开放和包容的态度，这不仅有助于形成健康的传播生态，也有助于促进社会的多元和谐发展。

随着民众参与度的不断提升和传受关系的进一步迭代，巴蜀文化的社会影响力将得到显著提升。未来，巴蜀文化将成为连接不同地域、不同文化的重要桥梁，为推动中华文化的繁荣和发展做出更大的贡献。综合来看，巴蜀文化的数字化传播将不仅仅是信息的单向流动，而是将变成一种互动、共享和体验的全球文化现象，全世界的人们都能够深入了解并真正感受到巴蜀文化的独特魅力。

参考文献

[1] 李绍明，林向，赵殿增.三星堆与巴蜀文化 [M].成都：巴蜀书社，1993.

[2] 林军，张瑞涵.巴蜀文化 [M].北京：时事出版社，2008.

[3] 宫承波.传播学纲要 [M].北京：中国广播电视出版社，2007.

[4] 程曼丽.国际传播学教程 [M].北京：北京大学出版社，2006.

[5] 孙英春.跨文化传播学导论 [M].北京：北京大学出版社，2008.

[6] 李德毅，于剑，中国人工智能学会.人工智能导论 [M].北京：中国科学技术出版社，2018.

[7] 戴元光.传播学研究理论与方法 [M].上海：复旦大学出版社，2004.

[8] 周宪.视觉文化的转向 [M].北京：北京大学出版社，2008.

[9] 麦克卢汉.理解媒介：论人的延伸 [M].何道宽，译.南京：译林出版社，2011.

[10] 詹金斯.融合文化：新媒体和旧媒体的冲突地带 [M].杜永明，译.北京：商务印书馆，2012.

[11] 严可均.全上古三代秦汉三国六朝文：第一册 [M].北京：中华书局，1958.

[12] 曾国屏，李正风，段伟文，等.赛博空间的哲学探索 [M].北京：清华大学出版社，2002.

[13] 詹金斯.文本盗猎者：电视粉丝与参与式文化 [M].北京：北京大学出

版社，2016.

[14] 胡易容，杨登翔. 巴蜀符号：巴蜀文化的源头与活水 [J]. 天府新论，2021（6）：2，161.

[15] 谭继和. 巴蜀文化对中华核心价值观的贡献 [J]. 四川党的建设（城市版），2014（6）：72.

[16] 陈世松. 巴蜀语言文化习俗概说 [J]. 文史杂志，2021（5）：64–70.

[17] 吴飞. 数字传播与数字文明的兴起 [J]. 传媒观察，2022（1）：1.

[18] 魏加晓. 新媒体对中国传统文化传播的影响：评《新媒体环境下优秀传统文化传播机制研究》[J]. 新闻与写作，2020（5）：114.

[19] 刘华真，王巍，谷壬倩，等. 基于用户浏览行为的个性化推荐研究综述[J]. 计算机应用研究，2021（8）：2268–2277.

[20] 冯天晴. 数字技术赋能文化产业的逻辑分析和实现路径 [J]. 大舞台，2023（6）：102–104.

[21] 傅才武，明琰. 数字信息技术赋能当代文化产业新型生态圈 [J]. 华中师范大学学报（人文社会科学版），2023（1）：78–86.

[22] 何星亮. 非物质文化遗产的保护与民族文化现代化 [J]. 中南民族大学学报（人文社会科学版），2005（3）：31–36.

[23] 王妍，盛德新，孟凡扬. Focus 3D 三维扫描仪及其在数字化工厂中的应用 [J]. 测绘与空间地理信息，2014（12）：153–154.

[24] 古须强. 广西传统戏剧类非遗项目的数字化保护和传承研究 [J]. 大众文艺，2022（21）：1–3.

[25] 谈国新，何琪敏. 中国非物质文化遗产数字化传播的研究现状、现实困境及发展路径 [J]. 理论月刊，2021（9）：87–94.

[26] 张倩. 构筑数字化档案平台 提升智能化管理水平：建设高校档案文件级目录 DBMS 的实践与思考 [J]. 档案与建设，2005（2）：36–39.

[27] 程妍妍，陈洋. 国际数字档案馆元数据标准及其项目研究 [J]. 档案管理，2014（6）：38–40.

[28] 袁勇，周涛，周傲英，等.区块链技术：从数据智能到知识自动化 [J].自动化学报，2017（9）：1485–1490.

[29] 施洁.数字化时代的非物质文化遗产保护与传承 [J].艺海，2017（4）：129–130.

[30] 孙远志，张明月.彝族漆器髹饰技艺数字化创新传播研究 [J].美与时代（上），2023（10）：99–101.

[31] 李子嘉.论新媒体对传统文化传播的影响 [J].中华文化论坛，2015（9）：154–158.

[32] 张帅，史小建.传统戏剧类非遗数字化传播的问题与对策 [J].传播与版权，2022（10）：96–98.

[33] 余雅燊，林敏丹.音乐类非物质文化遗产的数字化传承路径探析 [J].成都师范学院学报，2023，39（10）：115–124.

[34] 屈召贵，周相兵，王攀藻.基于人工智能技术的智能烹饪系统研究 [J].通信与信息技术，2022（3）：38–41.

[35] 王汉华，郑美娥.社交媒体视域下会展品牌的塑造与传播策略研究 [J].商展经济，2024（4）：7–9.

[36] 陈聪，张大勇，何苾菲.微博热点话题扩散模式分析 [J].当代传播，2012（5）：81–82.

[37] 张立.数字出版相关概念的比较分析 [J].中国出版，2006（12）：11–14.

[38] 常继文.影视媒介实现跨文化传播的策略 [J].记者摇篮，2024（1）：27–29.

[39] 汪樱."电子竞技"与"第九艺术"：东西方游戏文化融合发展探析 [J].河北北方学院学报（社会科学版），2022，38（3）：102–104，108.

[40] 闫爱华.为网络游戏正名：主体间性视野中的"第九艺术" [J].中国图书评论，2013（9）：16–23.

[41] 强月新，杨雨凌.人格化：主流媒体新闻短视频传播策略创新 [J].未来传播，2022，29（2）：2–10，120.

[42] 吴晔，樊嘉，张伦.主流媒体短视频人格化的传播效果考察：基于《主播说联播》栏目的视觉内容分析[J].西安交通大学学报（社会科学版），2021，41（2）：131-139.

[43] 马浩艺，赵晶晶.全媒体传播视域下国家媒体时政报道中的人格化传播框架：以央视新闻《大国外交最前线》为例[J].西部学刊，2024（1）：100-103.

[44] 赵星，乔利利，叶鹰.元宇宙研究与应用综述[J].信息资源管理学报，2022，12（4）：12-23，45.

[45] 黄郑亮.元宇宙产业的兴起逻辑、发展阶段与中国"元景"[J].上海对外经贸大学学报，2024，31（2）：111-124.

[46] 苟尤钊，季雪庭，叶盈如，等.元宇宙技术体系构建与展望[J].电子科技大学报，2023，52（1）：74-84.

[47] 叶林一.洛阳宫灯 在元宇宙背景下让传统非遗"活起来"[J].环球人文地理，2024（2）：50-52.

[48] 樊丽，王亚男.媒介地方感再生成与价值探析[J].中国出版，2023（18）：47-52.

[49] 邵培仁.地方的体温：媒介地理要素的社会建构与文化记忆[J].徐州师范大学学报（哲学社会科学版），2010，36（5）：143-148.

[50] 亚当斯，杨森，李淼，等.传播地理学：跨越学科的桥梁[J].新闻记者，2019（9）：83-96.

[51] 曾国华.重复性、创造力与数字时代的情感结构：对短视频展演的"神经影像学"分析[J].新闻与传播研究，2020，27（5）：41-59，126-127.

[52] 吕志敏，代洪宝.传递与共享：社交媒体时代的中华文化符号传播[J].江苏大学学报（社会科学版），2024（2）：35-43.

[53] 吴世文，杨小雅，冯铭钰.网红的历史长歌：网络名声的累积、流通与变现[J].传媒观察，2023（12）：57-68.

[54] 袁华，沈正赋.从"吃文化"到"城市文化"：深度媒介化视域下淄博烧烤现象的传播学阐释 [J].湖北行政学院学报，2023（5）：29–35.

[55] 许奕锋，李功员.民族共同体心理认同视域下的互嵌式社会结构建设 [J].观察与思考，2022（7）：80–88.

[56] 汪永亮.基于人工智能的中华优秀传统文化传播模式创新 [J].长春师范大学学报，2023（7）：177–180.

[57] 刘海龙.中国传播研究的史前史 [J].新闻与传播研究，2014，21（1）：21–36，126.

[58] 单波，李楠.大众传播与文化：丹尼斯·麦奎尔的"传播—文化"观评析 [J].新闻大学，1998（3）：30–35.

[59] 陈哲敏，解庆锋.跨文化传播视域下川剧的对外翻译 [J].戏剧之家，2015（9）：10–12.

[60] 田筱源.数字色彩体系在《色彩构成》教学中的教学策略研究 [J].色彩，2023（9）：132–134.

[61] 汤艺美，卢志扬，陈港能.浅析数字打样中的印刷色彩管理 [J].丝网印刷，2021（10）：62–65.

[62] 廖艳.成都数字博物馆建设的回顾与思考[J].产业创新研究，2022（17）：80–82.

[63] 高远，刘泽筠，袁梓能，等.非物质文化遗产"活态"传承与跨媒介传播研究 [J].记者摇篮，2023（10）：57–59.

[64] 闫心玥，邓向阳.打破 IP 神话：IP 对影视投资效率的影响分析 [J].传媒经济与管理研究，2022（3）：191–210.

[65] 华洁.移动社交媒体微视频的即时传播研究 [D].天津：天津师范大学，2015.

[66] 刘妍.短视频平台四川地域文化传播不平衡研究 [D].长春：东北师范大学，2022.

[67] 肖磊.数字技术下巴蜀文化资源的文创设计转化研究 [D].无锡：江南

大学，2023.

[68] 钱楠. 基于巴蜀文化视觉符号的文化衍生品设计研究 [D]. 上海：华东师范大学，2023.

[69] 赵东. 数字化生存下的历史文化资源保护与开发研究：以陕西为中心 [D]. 济南：山东大学，2014.

[70] 华洁. 移动社交媒体微视频的即时传播研究 [D]. 天津：天津师范大学，2015.

[71] 钱楠. 基于巴蜀文化视觉符号的文化衍生品设计研究 [D]. 上海：华东师范大学，2023.

[72] 邝龙. 巴蜀文化数字博物馆建设的理论和方法研究 [D]. 成都：成都理工大学，2013.

[73] 任欣. 古蜀神鸟形象及其信仰研究 [D]. 北京：中国艺术研究院，2023.

[74] 董甜甜. 互联网时代中华元素的数字化艺术传播研究 [D]. 南京：东南大学，2019.

[75] 杜姝璇. 场域视角下故宫博物院 IP 内容的人格化传播研究 [D]. 昆明：云南师范大学，2023.

[76] 陈洁. BBS 与中国早期互联网技术文化研究：1991—2000[D]. 济南：山东大学，2023.

[77] 代丽娟. 台湾地区传统文化的数字化技术传承 [D]. 武汉：中南民族大学，2017.

[78] 巴洛. 赛博空间独立宣言 [N]. 高亮华，译. 科技日报，1998-04-18（4）.

[79] 新华社. 习近平：建设社会主义文化强国 着力提高国家文化软实力 [EB/OL]. （2013-12-31）[2024-02-01]. https://www.gov.cn/ldhd/2013/12/31/content_2558147.htm.